KB189815

젊은 베르테르의 슬픔

세계교양전집 28

젊은 베르테르의 슬픔

요한 볼프강 폰 괴테 지음

민지현 옮김

올리버

요한 볼프강 폰 괴테Johann Wolfgang von Goethe

• 차례 •

젊은 베르테르의 슬픔

가여운 베르테르의 이야기와 관련해서

내가 찾을 수 있는 것들을 성심껏 모아서 여러분 앞에 내놓습니다.

이러한 저의 노고에 여러분이 고마워하리라 생각합니다.

여러분은 그의 영혼과 인품을 선망하고 사랑하는 마음을

억누를 수 없을 것이며, 그의 운명이 애통해서 눈물을 흘릴지도 모릅니다.

마음이 선량한 여러분 중 누군가가

지금 그가 느꼈던 절박함을 겪고 있다면,

그의 고뇌를 통해 위안을 얻으십시오. 그리고 운명에 의해서든

자기 잘못으로 인해서든 절친한 벗을 사귀지 못했다면,

이 책을 당신의 벗으로 삼으십시오.

1부

1771년 5월 4일

이렇게 떠나오니 얼마나 좋은지 모르겠네! 친구여, 인간의 마음이란 대체 왜 이런 건가? 내가 그토록 좋아하고, 한시도 떨어져서는 살 수 없을 것 같은 자네를 두고 왔는데 기쁘다니 말일세! 하지만 자네는 날 용서해주리라 믿네. 내 삶에 닿아 있는 다른 인연들은 심술궂은 운명이 내 마음을 고뇌에 빠뜨리려고 일부러 선택해준 것 같지 않은가? 가여운 레오노레! 그렇지만 나는 결백하다네. 내가 그녀의 동생이 가진 치명적인 매력에 빠져 있는 동안 그녀의 마음에 나를 향한 열정이 싹터버린 걸 내가 어찌할 수 있었겠는가? 그렇지만 과연 나는 정말 결백했을까? 내가 그녀의 감정에 불을 지피지는 않았을까? 종종 우리를 즐겁게 해주던 그녀의 꾸밈없고 발랄한 모습에 내가 매료된 적은 없었던가? 나는 과연……. 아, 이렇게 자신을 비난하고 몰아세우다니, 인간이란 대체 어떤 존재인가? 사랑하는 나의 친구여, 앞으로는 이러지 않 겠다고 약속하겠네. 살아가면서 일어나는 온갖 사소한 일을 반추 하며 괴로워하는 오랜 습관을 고치도록 노력하겠어. 과거는 과거 로 흘려보내고 현재를 즐기겠네. 자네 말이 맞아. 인간이 왜 이렇 게 생겼는지는 하느님만이 아실 일이지만, 온갖 상상력을 동원하 여 과거의 슬픔을 되새기는 일에 매달리지 않고 평온한 마음으로 현재를 살아간다면 인류의 번민과 고통은 훨씬 줄어들 거야. 내 어머니에게 당신이 부탁하신 일은 내가 잘 처리하고 가능한 한 빨리 결과를 알려드리겠다고 전해주면 고맙겠네. 숙모를 만났는 데 사람들이 말하는 것처럼 그렇게 나쁜 사람은 아니었어. 활달하 고 상냥한 성격에 선한 마음을 가진 사람이었다네. 숙모에게 어머 니가 자기 몫의 유산을 분할받지 못해 상심이 크다고 말씀드렸네. 그랬더니 숙모도 그럴 수밖에 없었던 상황과 이유를 설명해주더 군. 그리고 몇 가지 조건을 제시하면서, 그 조건들만 충족된다면 모든 걸 넘겨주시겠다고 하셨어. 우리가 요구했던 것보다 더 많은 걸 주겠다고 하셨네. 지금은 더 이상 상세한 설명은 할 수 없으니, 어머니에게 모든 일이 다 잘될 거라고만 전해주게. 친구여, 나는 이번 일을 통해서 악행이나 사악함보다 오해와 무관심이 더 많은 불행을 만들어낸다는 사실을 다시 한번 확인할 수 있었네. 사실 우리 주변에서 악행이나 사악함을 목격하는 경우는 아주 드물지 않은가.

어쨌거나 나는 아주 잘 지내고 있어. 이 지상낙원에서 맛보는 고독은 달콤한 향유처럼 내 마음을 달래주고, 상쾌한 봄기운은 수 시로 불안해지는 내 마음을 풍성한 희망으로 채워준다네. 꽃이

만발한 나무와 덤불에 둘러싸여 있으면 나도 한 마리 풍뎅이가 되어 향기의 바다를 날아다니며 온갖 자양분을 취하고 싶어진다네.

　마을은 그다지 쾌적하다고 할 수 없지만, 주변은 온통 형언할 수 없는 아름다운 자연으로 둘러싸여 있어. 지금은 고인이 된 M 백작도 이러한 아름다움에 끌려, 계곡의 절경을 이루는 각양각색의 산비탈 중 하나에 자기 정원을 가꾸고 싶었던 거겠지. 하지만 그의 정원은 소박하다네. 한눈에 보기에도 전문적인 정원사의 솜씨를 빌렸다기보다는 자기가 즐기고 싶어서 마음 가는 대로 가꾸었다는 걸 느낄 수 있어. 지금은 폐허가 되었으나 한때는 그가 좋아했던 이 여름 별장에서 세상과 작별했을 주인을 생각하며 나는 눈물을 흘렸다네. 이제 이곳은 내가 가장 좋아하는 곳이 되었고, 머지않아 이 정원의 주인이 될 거야. 며칠밖에 안 되었지만, 정원사는 벌써 내게 호감을 보이고 있다네. 나와의 친분이 그에게도 손해되지는 않을 거야.

5월 10일

　온 마음으로 즐기는 달콤한 봄날 아침과도 같은 환희가 내 영혼을 온전히 사로잡았다네. 마치 내 영혼을 충만하게 하려고 만들어진 것 같은 이곳에서 혼자 지내는 맛을 만끽하고 있어. 나는 정말 행복하다네, 친구여. 고요한 존재의 감각에 빠져 지내느라 그림 그리는 일에는 소홀해진 것 같아. 그런데 이렇게 선 하나 그리지 못하고 있으면서도, 요즘만큼 나 자신이 위대한 예술가인 듯 느껴진 적은 없었던 것 같아. 정겨운 계곡에서는 아지랑이가 피어오르고, 한낮의 태양 빛이 울창한 나뭇잎 위로 쏟아져 그중 몇 줄기가 성스러운 숲속 안쪽으로 스며들 때면, 나는 졸졸 흐르는 냇가에 길게 자란 풀숲에서 땅에 얼굴을 대고 누워 있다네. 그러면 수천 종의 이름 모를 새싹이 눈에 들어오고, 풀잎 사이에서 바글거리는 수많은 작은 곤충과 날벌레의 세계가 나의 감각을 깨운다네. 그러면 비로소 당신의 형상대로 우리를 만든 전능하신 분의 현존을 실감하게 되고, 영원한 행복 속에 우리를 머물게 하고 보호하시는 절대적인 사랑의 숨결을 느낄 수 있어. 나의 친구여! 어둠이 내 눈에 덮이고, 천국과 지상이 사랑하는 여인처럼 내 영혼에 깃들면, 나는 갈망에 겨워 생각한다네.

'오, 이러한 관념들을 말로 묘사할 수 있다면, 내 안에 생생하게 살아 있는 것들을 그대로 종이에 옮겨 적을 수만 있다면, 그리하여 나의 영혼이 무한하신 하느님의 거울이듯이, 이 종이가 내 영혼의 거울이 될 수 있다면!'

오, 나의 친구여, 하지만 내 힘이 거기까지 닿지 못하므로 나는 그 찬란함에 눌려 무릎을 꿇고 만다네!

5월 12일

주변의 모든 것이 천상 낙원처럼 아름답게 보이는 이유가 어느 정령의 마법 때문인지, 아니면 내 마음의 환상 때문인지 모르겠네. 마을 어귀에는 샘이 하나 있는데, 나는 멜뤼지나Melusina(유럽

민화에 등장하는 물의 요정. 상반신은 사람, 하반신은 물고기의 모습을 하고 있다 – 역자주)와 그녀의 자매들처럼 그 샘터에 매료되었다네. 완만한 경삿길을 내려가면 아치형 문이 하나 서 있고, 거기서 다시 스무 개의 계단을 내려가면 대리석 바위틈으로 더없이 청량한 물이 솟아나는 거야. 그 위로 샘을 에워싸고 있는 나지막한 벽과 키 큰 나무들이 드리우는 서늘한 그늘이 신비스럽고도 매력적인 분위기를 자아낸다네. 그곳에서 다만 한 시간이라도 보내지 않는 날이 없을 정도야. 그러다 보면 마을 아가씨들이 물 길어 오는 것도 볼 수 있다네. 물 긷는 일이란 얼마나 순수하고 긴요한 노동인가. 예전에는 왕의 딸들도 했던 일이지. 그곳에 앉아 있으면 자애로운 정령이 지켜주는 샘터에 모여 친분을 나누고 혼담을 맺던 옛날 가부장제 어르신들의 모습을 떠올릴 수 있다네. 이러한 감흥이 생소하게 느껴지는 사람이라면, 그는 아마도 뜨겁고 지친 여름날 샘터에서 시원한 휴식을 즐겨보지 못한 사람일 걸세.

5월 13일

책을 보내줄지 물었는데, 제발 부탁이니 그런 건 되도록 멀리할 수 있게 해주게! 더 이상 누구에게 이끌리거나, 자극받거나, 고무되고 싶은 생각은 없어. 내 마음은 이미 스스로 들끓고 있다네. 내게 필요한 것은 마음을 잠재울 자장가인데, 그것은 호메로스의 시만으로도 충분한 것 같아. 종종 끓어오르는 피를 가라앉히느라 안간힘을 쓰곤 한다네. 내 마음처럼 불안정하고 모호한 것은 자네도 본 적이 없을 걸세. 그렇지만 한없는 슬픔에 빠져 있다가 다음 순간 기쁨에 들떠 어쩔 줄 모르고, 달콤한 우울함에 잠겨 있다가 한순간에 격렬한 열정으로 타오르는 나의 변덕스러움을 참을성 있게 봐준 자네에게 굳이 이런 말이 필요하겠나? 나는 내 가련한 마음을 마치 병든 어린아이처럼 대하고 있어. 하지만 내가 방금 한 말은 다시 입 밖에 내지 말아주게. 그런 일로 나를 비난할 사람들이 있을 테니까.

5월 15일

이곳의 소박한 사람들과는 이미 어느 정도 친근해졌으며 그들도 나를 좋아한다네. 특히, 어린애들이 잘 따르더군. 처음에는 마을 사람들에게 다가가서 다정한 말투로 그들의 소소한 일상에 관해 물어도, 자기들을 조롱하는 줄 알고 퉁명스럽게 대꾸하며 돌아섰다네. 그렇지만 그런 일로 마음이 상하지는 않았어. 다만 전부터 보아왔던 사실을 다시 한번 절실하게 느꼈을 뿐이지. 자기가 특정 계층임을 주장하는 사람들은 서민들에게 냉담하며 그들로부터 적당한 거리를 유지하려 들지. 마치 서민과 가까워지면 자기가 가진 특권을 잃어버리기라도 하는 듯이 말이야. 그런가 하면 자기들의 우월함을 서민들에게 더욱 확실하게 각인시키려고 일부러 자기를 낮추는 척하며 그들에게 다가가 쓸데없이 무례한 농담을 하는 고약한 인간도 있지.

나도 우리가 모두 동등하지는 않으며, 그렇게 될 수도 없다는 사실은 알고 있어. 하지만 존경받기 위해 서민과 거리를 두려는 사람은 패배할 것이 두려워 적으로부터 몸을 숨기는 겁쟁이만큼이나 비난받아 마땅하다고 생각하네.

얼마 전에는 샘터에 갔다가 젊은 하녀를 만났다네. 그녀는 제일 아래 계단에 물동이를 올려놓고, 혹시라도 다른 처녀가 다가오면 물동이 이는 것을 도와달라 하려고 주위를 둘러보고 있더군. 그래서 내가 달려 내려가 그녀를 보며 물었지.

"아가씨, 제가 도와드릴까요?"

그러자 그녀가 얼굴을 붉히며 대답했어.

"어머나, 선생님! 아닙니다!"

"사양할 것 없어요."

그러자 그녀가 머리에 얹은 똬리를 고쳐놓았고, 나는 그녀의 머리에 물동이를 얹어주었어. 그녀는 내게 고맙다는 인사를 하고 계단을 올라갔다네.

5월 17일

여러 사람을 사귀었지만, 마음을 열고 진지한 대화를 나눌 만한 이는 아직 만나지 못했네. 나의 어떤 면이 사람들의 마음을 끌어당기는지는 모르겠지만, 많은 사람이 나를 좋아하며 따르고 있어. 그렇지만 우리가 함께 갈 수 있는 여정이 짧을 것임을 생각하면 마음이 아프다네. 이곳 사람들이 어떤지 묻는다면, '세상 어디에나 있는 그런 사람들'이라고 말하겠네. 인간이라는 존재가 다 거기서 거기 아니겠나. 그들 대부분은 최소한의 삶을 이어가기 위해 절대적으로 많은 시간 노동해야 한다네. 그러고도 조금이나마 자유로운 시간이 주어지면 불안해서 어쩔 줄 몰라 하며 그 시간을 없애버리고 말지. 아, 인간이라는 족속은 왜 그런 건가!

그렇지만 그들 모두 선량하고 올바르게 사는 사람들이야. 나는 가끔 나 자신을 잊고 그들과 어울려 그들에게 아직 남아 있는 순수한 즐거움을 나눈다네. 잘 차려진 식탁에 둘러앉아 자유롭고 진지한 대화를 나눈다든가, 함께 유람을 떠난다든가, 무도회 등을 여는 거지. 이런 일들은 결국 나에게도 좋은 기운을 북돋아준다네. 다만 내 안에서 할 일 없이 썩어가고 있는 다른 여러 기질이 있다는 사실은 아예 떠올리지도 말고, 겉으로 드러내지 않도록 조심해야 해. 아! 그런 생각을 하니 가슴이 답답하게 조여오는 거 같군. 그렇지만 자신을 있는 그대로 이해받지 못하는 것 또한 우리 인간의 운명 아니겠나.

아, 내 어린 시절의 벗은 세상을 떠나갔네! 아아, 내가 그녀를 알기나 했던가! 나는 스스로 이렇게 한탄한다네.

'어리석은 자여, 너는 이 세상에 있지 않은 것을 찾으려 하는구나!'

하지만 그녀는 나의 여인이었어. 한때 나는 그녀의 마음, 그 숭고한 정신을 소유했었고, 그녀의 존재로 인해 나는 실체보다 더 풍성할 수 있었지. 오, 하느님! 그때 내 영혼의 어느 한 가닥인들 깨어 있지 않은 것이 있었던가? 그녀 앞에 있을 때면 내 안의 모든 불가사의한 감성이 깨어나 자연을 보듬어 들이지 않았던가? 우리의 만남은 정교한 감성과 예리한 기지의 파도가 아니었던가?

그리하여 때로는 기이해 보이는 모습까지도 천재성으로 낙인찍히지 않았던가? 아아! 세월은 나보다 불과 몇 년 먼저 태어난 그녀를 나보다 먼저 무덤으로 데려갔다네. 하지만 나는 그녀의 확고한 마음도 천사 같은 인내도 결코 잊지 못할 걸세.

며칠 전에 V라는 젊은이를 만났다네. 유쾌하고 솔직하며 열린 마음을 가진 청년이더군. 대학을 갓 졸업한 사회 초년생이니 스스로 현자라고 자처하지는 않지만, 다른 사람보다는 자기가 아는 게 많다고 생각하고 있었어. 그리고 내가 보는 바로도 부지런히 배움에 힘쓰며 살아온 청년 같았다네. 한마디로 머릿속에 든 게 많은 사람인 거지. 내가 그림 그리는 걸 좋아하고, 그리스어를 한다는 얘기를 듣더니, (이 나라에서는 그 두 가지가 가장 선망받는 능력이지 않은가.) 날 찾아와 그가 배운 것들을 풀어놓았다네. 바퇴Chales Batteau(프랑스의 평론가이자 철학자 – 역자주)로 시작해서 우드Robert Wood(영국의 고전 연구가이자 골동품 수집가 – 역자주)에 이르기까지, 그리고 드 필Roger de Piles(프랑스의 화가이자 미술 평론가 – 역자주)에서 빙켈만Johann Joachim Winckelmann(독일의 미술가이자 고고학자 – 역자주)에 이르기까지. 게다가 그는 줄처Johann Georg Sultzer(독일의 미학자이자 철학자 – 역자주)의 이론 전반부를 통독했을 뿐 아니라 하이네Christian Gottlob Heyne(독일의 고전 연구가이자 고고학자 – 역자주)의 고전 연구 원고를 가지고 있다고 하더군. 나는 그의 이야기를 방해하지 않고 가만히 듣고 있었네.

좋은 사람을 또 한 명 만났다네. 그는 제후의 법무관인데 솔직하고 가식 없는 사람이야. 동네 사람들이 말하길, 그가 아홉 자녀에 둘러싸여 있는 모습을 보면 절로 행복해진다고 하네. 특히 그의 맏딸에 대한 칭찬이 자자하더군. 그가 나를 자기 집으로 초대했는데, 시간이 나는 대로 가볼 생각이라네. 여기서 한 시간 반 정도 거리에 있는 제후의 사냥 별장에 살고 있어. 아내와 사별한 후 마을에 있는 사택에서 계속 살려니 너무 마음이 아파서, 제후의 허락을 받아 그곳으로 거처를 옮겼다더군. 그런가 하면 도무지 봐주기 어려운 꼴불견도 몇 만났다네. 그런 자들이 내게 친한 척하는 꼴은 정말 못 견딜 지경이야.

잘 있게! 자네가 이 편지를 즐거이 읽어주리라 믿네. 모든 걸 사실 그대로 전하는 거니까.

5월 22일

인생이 한낱 꿈에 불과하다는 건 이미 많은 사람이 깨달은 바이고, 나 역시 그렇게 생각하며 살아왔네. 인간의 행동과 사고력은 지극히 제한적인 영역에 국한되어 있으며, 그 모든 행위가 결국 미천한 목숨을 부지하려는 생존 욕구를 충족하는 것 말고는 다른 목적이 없지 않은가. 뭔가를 열심히 연구해서 만족스러운 성과를 거두었다고 기뻐하지만, 그것도 결국 사방이 벽으로 둘러싸인 공간에 갇혀 지내면서 그 벽에 형형색색의 모양과 그림을 그리는 걸로 만족하는 형국에 불과하고 말이야. 이러한 현실을 생각할 때, 빌헬름, 나는 할 말을 잃고 망연자실하게 된다네. 그러고는 나의 내면으로 들어가 그곳에서 하나의 세상을 발견하는 거야! 그역시 선명하고 생생하다기보다는 직관적이고 희미한 갈망이긴 하지만, 그래도 모든 게 나의 감각을 스치며 떠돌고, 나는 그 세상을 향해 꿈결 같은 미소를 짓는다네.

학식 높은 교육자와 가정교사들은 이렇게 생각한다네.

'어린아이는 무언가를 원하면서도 왜 그것을 원하는지 모른다.'

하지만 어른도 어린아이처럼 비틀거리며 세상을 헤쳐 나가고, 어린아이처럼 자기들이 어디서 와서 어디로 가는지 모르지 않나. 또한 뚜렷한 목적을 품고 행동하지 않는다는 점도 어린아이보다 나을 것이 없지. 그리고 과자와 케이크, 자작나무 회초리에 마음이 오락가락하는 것도 아이들과 다를 바 없어. 아무도 그렇게 생각하고 싶어 하지 않지만, 내가 보기에는 부정할 수 없는 사실이라네.

물론 자네가 이에 대해 뭐라고 말할지 알고, 나도 그 말에 기꺼이 동의하네. 자네는 분명, 그런 사람이야말로 행복할 거라고 하겠지. 어린아이처럼 매 순간을 열심히 사는 것, 인형을 들고 돌아다니며 옷을 입혔다가 벗겼다가 하면서, 엄마가 맛있는 페이스트리를 찬장에 숨겨놓는 모습을 눈여겨보았다가 마침내 그것을 손에 넣게 되면 한입에 털어 넣고는 "더 줘!" 하고 소리치는 어린아이 말일세. 그렇고말고! 그렇게 사는 사람들이 행복하지. 그리고 또 행복한 사람들이 있어. 미천한 직업과 자신의 열정을 대단하게 여기고, 마치 자기가 인류의 복지와 구원을 위해 위대한 업적을 쌓은 양 내세우는 사람들이지. 인생을 그렇게 사는 사람은 행복하다네! 그러나 인생의 총체적인 본질과 결과를 파악하고 겸허하게 받아들이는 사람, 자기에게 주어진 삶에 만족하고 그것을 지상낙원으로 가꿀 수 있는 사람, 보잘것없어 보이는 삶이지만 그 삶의 무게에 눌려 헐떡이면서도 자기에게 주어진 인생을 꿋꿋이 살아가는 사람도 있지 않은가. 이들 모두가 똑같이 원하는 바는 하루의 햇빛을 단 1분이라도 더 보는 것. 그렇다네. 그런 사람은 조용히 자기 세계를 만들어가면서 인간으로 태어났다는 사실에 행복해한다네. 그리고 지금은 이 삶에 갇혀 있지만, 자기가 원하면 언제든 떠날 수 있다는 걸 알기에 달콤한 자유의 감각을 가슴에 품고 있다네.

5월 26일

자네는 한적한 곳에 작은 오두막을 짓고 최대한 간소한 방식으로 지내길 좋아하는 나의 오랜 습관을 잘 알 거야. 여기서도 역시 마음에 드는 장소를 하나 발견했다네.

시내에서 마차로 한 시간 정도 떨어진 곳에 발하임Wahlheim(여기 나온 지명은 원본의 이름을 부득이한 이유로 바꾼 것이니, 마을 위치를 확인하려고 굳이 애쓸 필요는 없습니다-편자주)이라는 마을이 있어. 언덕 위에 자리 잡은 마을인데 경관이 참으로 매력적이라네. 마을로 이어지는 오솔길을 걷다 보면 어느 순간 골짜기 전체가 한눈에 들어온다네. 마을에는 여인숙이 하나 있는데, 나이에 비해 쾌활하고 밝은 여주인이 포도주와 맥주, 커피를 팔고 있지. 하지만 무엇보다 내 마음을 끌었던 건 교회 앞 작은 광장에 그늘을 드리우는 두 그루의 보리수였다네. 광장을 둘러싸고 농가와 헛간, 농가의 앞마당이 늘어서 있는데 보기 드물게 아늑하고 정겨운 곳이어서 나는 여인숙에 있는 테이블과 의자를 내다 놓고 그곳에서 커피를 마시며 호메로스를 읽는다네. 어느 화창한 오후, 처음으로 그 보리수 아래 앉던 날이었어. 마을 어른들은 모두 들에 나가고 사방이 적막할 정도로 고요한데, 네 살쯤 돼 보이는 사내아이 하나가 땅바닥에 앉아 있는 거야. 생후 6개월쯤 된 아기를 다리 사이에 앉히고 말이지. 두 팔로 아기를 안아 가슴에 꼭 끌어당기고 마치 안락의자처럼 제 몸으로 아기를 받쳐주고 있었네. 생기 넘치는 까만 눈동자로 주변을 이리저리 둘러보면서도 그렇게 꼼짝하지 않고 앉아 있는 모습이 너무 사랑스러워서, 나는 맞은편에 놓여 있는 쟁기 위에 앉아 두 형제의 모습을 스케치했다네. 근처에 있는 관목 울타리와 헛간 문, 부서진 수레바퀴 등 시야에 들어오는 것들을 그대로 그려 넣었어. 한 시간쯤 그렇게 그리다 보니 내 생각을 보태지 않고도 제법 짜임새 있고 흥미로운 그림이 완성되더군. 이를 계기로 나는 앞으로도 오로지 자연을 벗 삼아 지내리라 마음먹었다네. 자연만이 무한히 풍요롭고, 그 자체로 위대한 예술 작품이니까. 부르주아 사회를 찬양하는 말들이 넘쳐나듯이 예술의 규범을 지향하는 말들도 얼마든지 있을 거야. 법과 예의범절로 다듬어진 사람은 이웃에 폐를 끼치거나 악행을 저지르는 사람이 될 수 없듯이, 예술의 원칙을 익히며 자란 사람은 시시하고 저급한 작품을 만들지 않을 거야. 반면 자네는 뭐라고 할지 모르겠지만, 원칙이 자연적으로 우러나는 감성이나 솔직한 표현을 저해하는 것도 사실이지 않은가. 자네는 "그건 너무 심한 말이야!"라고 하겠지. 규범이나 원칙은 단지 한계를 정해주고, 과도하게 뻗어나가는 가지를 쳐주는 역할을 한다고 말이야. 예를 들자면, 사랑에 비유해볼 수 있을 거야. 패기 넘치는 젊은이는 사랑하는 여자에게 자신을 온전히 바치고, 깨어 있는 모든 시간을 그녀와 함께 보내며 모든 열정과 재산을 소진하려 들지 않나. 오로지 그녀만을 위해 자신의 모든 걸 바치고 있음을 매 순간 확인시키면서 말이야. 그러다가 어느 한 고지식한 공직자가 나타나 그에게 조언하지. "이보게, 젊은이! 사랑도 사람의 일이니, 사람의 도리를 하면서 해야 하네! 하루의 계획을 세워서 일하고 남는 시간을 그녀에게 쓰도록 하게. 금전적인 계획도 세워야 해. 우선 가진 돈이 얼마나 되는지 계산해보고, 여유가 있을 때 연인에게 선물하겠다면 말리지 않아. 그렇지만 너무 자주는 말고 그녀의 생일이나 영명 축일 같은 날에만 하는 게 좋겠지"하고 말이야. 젊은이가 그 말을 따른다면 그는 사회에 유익한 일꾼이 되겠지. 그런 젊은이라면 나도 제후에게 추천하여 공직에 앉히도록 할 걸세. 다만, 그렇게 되면 그의 사랑은 이미 끝난 거라고 봐야겠지. 그가 예술가라면, 예술의 끝이 되는 걸 테고. 오, 나의 친구여! 천재적 영감이 터져 나오는 예는 왜 이렇게 찾아보기가 힘든 건가? 영감이 시냇물처럼 흘러내리며 영혼을 감화시키는 경험을 하는 게 왜 이다지도 어려운 건가? 아마도 창조적 영감의 시냇가에는 침착하고 점잖은 신사들이 여름 별장을 짓고 살고 있기 때문일 걸세. 애써 가꾼 튤립밭과 양배추밭이 피해를 보지 않도록, 현명한 사고력을 동원하여 필요할 때마다 댐을 쌓고, 배수로를 뚫어서 위험을 미리 방지하는 거지.

5월 27일

내가 감상에 빠져 비유를 들어가며 열변을 토하느라 어린 형제의 이야기를 하다가 말았네. 어제 편지에 썼듯이 나는 쟁기에 앉아 그림 그리기에 완전히 몰입한 채 두 시간 정도를 보냈다네. 그리고 저녁 무렵이 되니 한 젊은 여자가 바구니를 낀 채 다가오면서 그때까지 꼼짝하지 않고 앉아 있는 애들을 향해 외치는 거야.

"착한 필립스, 정말 기특하구나!"

그러고는 나에게도 인사를 건네더군. 나도 고맙게 인사를 받으며 일어나 그녀에게 다가갔어. 애들 엄마냐고 물으니, 그녀는 그렇다고 대답하고는 긴 빵을 잘라 큰 아이에게 건네주고, 작은 아이를 번쩍 안아 올리며 볼에 입을 맞추더군. 엄마의 사랑을 듬뿍 담아서 말일세.

"필립스에게 동생을 돌보라고 맡겨놓고 큰아이를 데리고 시내에 장 보러 다녀왔어요. 빵과 설탕, 수프 냄비가 필요했거든요."

바구니 뚜껑이 젖혀져 있어서 그것들이 담겨 있는 걸 나도 봤지.

"오늘 저녁에 한스(아기의 이름이라네)에게 수프를 끓여 먹이려고요. 어제 큰아이가 필립스와 그릇 바닥에 눌어붙은 죽을 서로 떼어먹으려고 싸우다가 냄비를 깨뜨렸답니다."

큰아이는 지금 어디 있느냐고 물었더니 풀밭에서 거위를 쫓아다니고 있을 거라더군. 아이 엄마가 말을 막 마치려는데 큰아이가 달려오더니 둘째 필립스에게 개암나무 막대를 주었어. 애들 엄마와 좀 더 이야기를 나누면서 그녀의 아버지는 학교 교장이고, 남편은 스위스에 갔다는 사실을 알게 되었네. 친척이 그의 몫으로 남겨준 유산을 받으러 갔다는 거야. 그곳에 있는 친척들이 그를 속이고 유산을 가로채려고 해서 남편이 편지를 몇 번이나 보냈지만, 답장이 없었다는군. 그래서 이번에는 직접 가서 해결하기로 했다는 거지.

"사고나 당하지 않았으면 좋겠어요! 집을 떠난 후로 아직 연락이 없답니다."

애들 엄마와 이야기를 나누고 돌아서려니 마음이 쓰여서 애들에게 은화 한 닢씩 주었다네. 막내 아이 몫은 아이 엄마에게 주면서 다음에 시장에 가면 수프와 함께 먹을 빵도 사주라고 했어. 그런 다음 인사를 나누고 헤어졌다네.

친구여, 마음이 어수선해서 힘들다가도 그들처럼 자기에게 주어진 삶의 좁은 테두리 안에서 차분하고 평온하게 살아가는 사람들을 보면 나도 편안해진다네, 모든 근심이 가라앉으면서 말이야. 그들은 하루하루의 일상에 최선을 다하고, 나뭇잎이 떨어지는 모습을 바라보면서도 '겨울이 오고 있구나!'라고 생각할 뿐 그 이상은 생각하지 않는 사람들일세.

그날 이후로 종종 그곳에 들른다네. 애들도 나와 친해졌어. 내가 커피를 마실 때면 애들은 설탕을 나눠 먹고, 저녁에는 내 빵과 버터, 신 우유를 나눠 먹지. 일요일마다 그들에게 은화를 한 닢씩 주는데, 예배 후에 들르지 못하는 날에는 주인 여자에게 나 대신 동전을 주라고 부탁했어. 다들 나를 믿고 따르기 때문에 제 마음속에 있는 이야기를 숨기지 않고 다 말해주는데, 그중에도 마을의 다른 애들과 함께 있을 때 숨김없이 드러나는 그들의 속마음과 아이다운 순수한 표현을 지켜보는 게 즐겁다네.

다만 아이들이 나를 귀찮게 하는 건 아닌지 노심초사하는 애들 엄마를 안심시키느라 진땀을 빼고 있어.

5월 30일

며칠 전 내가 그림 그리는 일에 대해 했던 말은 시를 쓰는 일에도 해당한다네. 중요한 건 예술적 탁월함이 어디에 있는가를 알아차리고 그것을 표현하는 일이지. 그건 적은 말로 많은 의미를 전달하는 일이기도 해. 오늘 나는, 온전히 옮겨 담을 수만 있다면 세상에서 가장 아름다운 전원시 한 편이 될 장면을 목격했다네. 그렇지만 시문학이나 배경, 전원시 같은 게 정말 필요할까? 자연의 현상을 보며 기쁨을 느낄 수 있는데, 왜 굳이 그것에 손을 대고 주물럭거리겠어?

내가 이렇게 서두를 꺼냈다고 해서 뭔가 고상하고 세련된 이야기가 나오리라고 기대한다면, 이번에도 자네가 속은 것이네. 내 안에 그토록 생생한 공감을 불러일으킨 건 한 소박한 시골 청년이거든. 늘 그러듯이 나는 이 이야기도 형편없는 말솜씨로 풀어놓을 것이고, 자네는 내 말에 상당한 과장이 섞여 있다는 것을 알게 될 걸세. 이번에도 발하임에서 있었던 일이야. 진기한 경험을 하게 되는 건 늘 발하임에서야.

마을 사람 몇이 보리수 아래에 모여서 커피를 마시고 있을 때였어. 나는 어울릴 자리가 아닌 거 같아서 핑계를 대고 멀찍이 떨어져 있었다네.

이웃집에서 청년 하나가 나오더니 일전에 내가 앉아 스케치했던 쟁기로 가는 거야. 쟁기를 손보려는지 분주하게 이리저리 움직이는 모습이 좋아 보여서 그에게 말을 걸고 근황을 물었지. 그러고는 그 청년과 금세 친해져서 편안한 사이가 되었어. 여기 사람들과는 늘 그렇듯 쉽게 친해진다네. 그러자 청년은 자기가 어느 과부의 집안일을 도와주는데, 그녀가 자기를 아주 잘 대해준다는 거야. 그러고 나서 끊임없이 그녀에 관한 이야기를 하는데 얼마나 칭송하던지, 나는 청년이 그 미망인에게 몸과 마음을 완전히 빼앗겼다는 걸 알 수 있었네. 청년의 말에 의하면 그녀는 젊은 나이가 아니었고, 첫 번째 남편에게 학대받은 경험이 있어서 다시 결혼할 생각은 하지 않는다는 거야. 그의 말로 미루어 보아 그 미망인이 매우 아름답고 매력적인 여성이라는 걸 알 수 있었어. 청년은 그녀가 제발 자기를 다음 남자로 선택해서, 전남편이 남긴 나쁜 기억을 자기가 모두 지워줄 수 있게 해주길 간절히 바라고 있었다네. 그 순수한 열정과 사랑을 자네에게 이해시키려면 내가 그 청년의 말을 하나도 빼놓지 않고 옮겨야 할 걸세. 그리고 그의 몸짓이 얼마나 생생했는지, 그의 음성이 얼마나 감미로웠는지, 그의 눈빛이 얼마나 뜨겁게 타올랐는지 자네에게 그대로 전해주려면 위대한 시인의 재능이 필요할 걸세. 그의 존재와 표현에 총체적으로 스며든 달콤한 열정을 표현할 수 있는 언어란 없을 거 같아. 어떤 단어를 갖다 붙여도 그 앞에서는 초라해질 테니까. 특히 내 마음을 움직였던 것은 내가 그와 그녀의 관계를 나쁘게 생각하고, 그 미망인의 처세가 부정하다고 생각하지는 않을까 걱정하는 모습이었다네. 젊음의 매력 없이도 그의 마음을 그토록 사로잡은 그녀의 자태와 몸매를 묘사하는 그의 말이 얼마나 내 마음을 끌어당기던지, 그 모습을 떠올리는 일은 오로지 가슴 가장 깊은 곳에서나 가능하겠다는 생각이 들 정도였다네. 내 평생에 그토록 순수한 열정으로 뜨겁고 애달프게 타오른 적은 없었던 것 같아. 솔직하게 말하자면 그러한 순수함은 감히 품어본 적도, 꿈꿔본 적도 없다네. 그의 순수함과 진정성이 떠오를 때면 내 영혼이 뜨겁게 달아오르면서 그의 헌신적인 열정이 머릿속에서 떠나질 않아. 그래서 마치 내가 그 불길에 사로잡힌 듯 그리움과 갈망에 사무친다네. 내가 이런 말을 한다고 해서 나를 나무라지는 말아주게.

아무튼 가능한 한 이른 시일 내에 내가 직접 그녀를 봐야 할 것 같아. 아니, 다시 생각해보니 그러지 않는 게 좋을 것 같군. 그녀를 사랑하는 청년의 눈을 통해 그녀를 바라보는 게 좋을 거야. 막상 내 눈으로 보면 지금 상상하는 것과는 다른 모습일 수도 있지 않은가. 이렇게 아름다운 환상을 왜 굳이 나서서 망치겠는가?

6월 16일

왜 편지를 쓰지 않았느냐고? 그러고도 자네가 배운 사람이라는 건가? 내가 잘 지내고 있을 거라는 정도는 짐작할 수 있어야지. 사실은 내 마음을 온통 빼앗길 만한 사람을 알게 되었다네. 내가……. 아니야, 실은 잘 모르겠네.

세상에서 가장 사랑스러운 그녀를 어떻게 알게 되었는지 조리 있게 이야기하는 건 어려울 것 같아. 나는 지금 기쁨에 넘쳐 들떠 있어서 차분하게 이야기를 전할 수가 없다네. 천사, 아니지! 다들 자기가 사랑하는 여자는 천사라고 하지, 그렇지 않은가? 그녀가 얼마나 완벽한지, 왜 그렇게 완벽한지는 설명할 수 없어. 하지만 그녀는 나의 모든 감각을 사로잡았다네.

그렇게 해박하면서도 소박하고, 확고하면서도 선량하며, 분주한 와중에도 평온함을 유지할 수 있다니!

하지만 내가 그녀에 관해 자네에게 하는 말들은 모두 역겹고 허접하며 모호해서 그녀의 진정한 품성을 하나도 전하지 못한다네. 다음 기회에, 아니 다음 기회가 아니라 지금 얘기하겠네. 그러지 않으면 영영 하지 못할 테니까. 자네에게만 말하네만, 이 글을 쓰기 시작한 후로도 나는 세 번이나 펜을 내려놓고 밖으로 나가서 말에 안장을 얹고 그녀에게 달려갈 뻔했어. 오늘 아침에 일어나면서 오늘은 말을 타고 나가지 않으리라 맹세했건만, 나는 지금도 수시로 창가로 가서 해가 아직 얼마나 높이 떠 있는지 확인하고 있다네.

도저히 참을 수 없어서 그녀를 보고 왔다네. 이제 다시 집이야, 빌헬름. 저녁 식사로 빵에 버터를 발라 먹으며 자네에게 편지를 쓰고 있어. 그녀가 생기발랄한 여덟 명의 동생에게 둘러싸여 있는 모습을 보니 얼마나 기쁘던지!

내가 계속 이런 식으로 얘기하다 보면 자네는 끝까지 무슨 얘기인지 종잡을 수 없을 것 같아. 그러니 잘 들어보게나. 이제부터 차근차근 얘기해볼 테니.

얼마 전에 보낸 편지에서 내가 지방 법무관인 S씨를 만났다고 얘기했을 거야. 자기 은신처인지 작은 왕국인지로 나를 초대했다고 말이야. 그렇지만 나는 계속 미루고 있었다네. 우연한 기회를 통해 그곳에 숨겨져 있는 보물을 발견하지 못했다면, 나는 끝까지 그의 집을 방문하지 않았을 거야.

내 또래의 젊은이들이 교외에서 무도회를 열었는데, 거기 참석하겠다고 했다네. 그리고 상냥하고 예쁘지만 크게 호감이 가지는 않는 마을 아가씨에게 내 파트너로 함께 가달라고 청했지. 나는 마차를 불러서 내 파트너와 그녀의 사촌을 태우고 가기로 했는데, 가는 길에 법무관의 사냥 별장에 들러 샬로테 S라는 여성도 태워 가야 했다네. 별장으로 가기 위해 숲속으로 넓게 뚫린 길을 지나는데 나의 파트너가 말했어.

"매우 아름다운 여성을 만나게 되실 거예요."

그러자 그녀의 사촌이 끼어들었지.

"사랑에 빠지지 않도록 조심하세요!"

내가 왜 조심해야 하느냐고 묻자, 그녀가 대답했네.

"이미 좋은 사람과 약혼했으니까요."

그녀의 말에 따르면 약혼자는 부친이 돌아가시고 나서 부친이 하던 일을 정리하고 좋은 일자리도 알아보기 위해 여행 중이라고 했네. 하지만 나는 그녀의 이야기에 별 관심을 두지 않았어.

언덕 위로 해가 넘어가려면 아직 15분쯤 남았을 때 마차가 별장 대문 앞에 도착했다네. 마차에 타고 있던 여자들은 날씨가 후텁지근한 데다 지평선에 먹구름이 모여들기 시작하는 걸로 보아 뇌우가 올 것 같다며 걱정했어. 나는 폭풍우가 와서 파티에 지장을 주지 않을까 우려하면서도, 짐짓 날씨 전문가라도 되는 양 큰소리치며 그녀들을 안심시켰지.

내가 마차에서 내리자, 하녀가 대문까지 오더니 로테 아가씨가 곧 나올 테니 잠시만 기다려달라고 하더군. 나는 뜰을 가로질러 근사한 저택으로 걸어갔어. 그리고 계단을 올라 현관 안으로 들어섰을 때, 생전 처음 보는 매혹적인 광경을 보게 된 거야. 현관 안에는 중간 정도 키의 아름다운 아가씨가 두 살부터 열한 살 정도의 여섯 아이에게 둘러싸여 있었네. 아가씨는 소매와 가슴에 분홍색 리본이 달린 수수한 흰색 드레스를 입고 있었는데, 호밀로 만든 흑빵을 손에 들고 상냥한 미소를 머금은 채 그녀를 둘러싸고 있는 아이들의 나이와 먹성에 알맞게 한 조각씩 잘라 나눠주고 있었다네. 아이들은 빵을 자르기도 전에 팔을 높이 쳐들고 꾸밈없는 음성으로 "고맙습니다!" 하고 외쳤어. 저녁거리를 받아 들고 기분이 좋아진 아이들은 자신들의 로테가 타고 갈 마차와 낯선 사람들이 와 있는 정문을 향해 달려가기도 하고, 또 얌전한 성격이 아이는 차분히 걸어갔다네.

　"이렇게 집 안까지 들어오시게 하고, 아가씨들을 기다리시게 해서 미안합니다."

　그녀가 말했어.

　"집을 비울 것에 대비해 이런저런 집안일도 챙기고 옷도 갈아입으려다 보니 애들 저녁을 챙기는 걸 깜빡했어요. 다들 제가 잘라주는 빵이 아니면 받아먹지 않으려고 하거든요."

　나는 그저 의례적인 인사말로 대꾸할 수밖에 없었네. 온 정신이 그녀의 자태와 음성, 태도에 쏠려 있었거든. 그녀가 서둘러 거실로 가서 장갑과 부채를 가져오는 동안 겨우 정신을 차렸어. 그녀의 동생들이 멀찍이 떨어져서 나를 힐끗거리고 있길래, 제일 귀엽

게 생긴 어린아이에게 다가갔지. 녀석이 뒤로 물러서는데, 마침 로테가 나오며 말했어.

"루이, 친척 아저씨하고 악수해야지."

그러자 녀석은 서슴지 않고 손을 내밀었고, 나는 그 아이가 콧물을 흘리고 있었음에도 입 맞추지 않을 수 없었다네.

"친척 아저씨라고 하셨나요?"

나는 그녀에게 손을 내밀며 말했네.

"내가 당신의 친척이 될 행운을 가졌다고 생각하십니까?"

그러자 그녀가 미소 지으며 말을 받았어.

"아, 저희가 생각하는 친척의 범주는 굉장히 넓거든요. 당신이 그중에 제일 형편이 빠지는 분이라면 유감이군요."

집을 떠나면서 그녀는 열한 살쯤 되어 보이는 바로 아래 여동생 소피에게 동생들을 잘 돌보고 아버지가 돌아오시면 잘 맞아드리라고 일렀다. 그리고 어린 동생들에게는 소피가 큰언니라고 생각하고 말을 잘 들어야 한다고 일렀다. 그러자 모두 고개를 끄덕이며 그러겠다고 대답하는데, 당돌해 보이는 여섯 살쯤의 금발 여자아이는 이렇게 말하더군.

"그렇지만 소피는 로테 언니가 아니잖아. 우리는 로테 언니가 더 좋아."

제일 큰 사내아이 둘이 마차에 올라탔고, 내가 타게 하자고 제안하자 그녀는 녀석들에게 서로 장난치지 않고 꼭 붙들고 있겠다고 약속한다면 숲이 끝나는 데까지 타고 가도 좋다고 허락했지. 마차에 자리를 잡고 앉자마자 여자들은 서로 인사를 나누고 서로의 옷차림에 관해, 특히 모자에 관해 의견을 나눴네. 그리고 무도

회에서 보게 될 사람들에 대한 총평으로 넘어가는데 로테가 마부에게 잠시 멈춰달라고 부탁하더니 동생들을 마차에서 내리게 했어. 그들은 다시 한번 누나의 손에 키스하고 싶어 했는데, 큰 녀석은 열다섯 살짜리가 할 수 있는 한 최선의 부드러움을 담아 입을 맞추는데, 또 한 녀석은 성급하면서도 패기 있게 해버렸다네. 그녀는 어린 동생들에게도 사랑의 인사를 전해달라 부탁했고, 그런 다음에야 마차는 속력을 내서 달리기 시작했지.

내 파트너의 사촌이 그녀에게 최근에 보내준 책은 다 읽었느냐고 묻자 이렇게 대답하더군.

"아니요. 그 책은 별로 마음에 들지 않아요. 책을 다시 돌려드릴게요. 그전에 빌려주신 책도 마찬가지였어요."

나는 어떤 책이었느냐고 물었다가 그녀가 대답하는 말을 듣고 깜짝 놀랐다네(어떤 작가도 한 젊은 여성과 아직 미숙한 젊은이가 자기 작품을 비평했다고 해서 그것에 깊이 마음을 쓰지는 않겠지만, 누구에게도 불평의 여지를 주지 않기 위해 이 구절은 삭제하는 게 좋겠다고 판단했습니다-편자주). 그녀의 말에는 강한 개성이 드러나 보였고, 말마디마다 신선한 매력과 지성의 빛이 반짝였어. 내가 자기 말을 알아듣고 공감한다는 걸 느끼자, 그 빛은 그녀 안에서 더욱 환하게 피어났다네.

"어렸을 때는 소설만 좋아했어요."

로테가 말했어.

"일요일이면 한쪽 구석에 앉아서 소설을 읽었죠. 작품 속에 등장하는 미스 제니의 기쁨과 슬픔을 온 마음으로 공감할 때면 얼마나 행복했는지 몰라요. 지금도 여전히 그런 부류의 글을 좋아한다는 건 부정할 수 없어요. 그렇지만 요즘엔 책 읽을 시간이 많지 않다 보니, 되도록 제 취향에 꼭 맞는 걸로 골라 읽고 싶은 거죠. 저는 작품 속에서 저의 세계를 재발견할 수 있는 작가가 좋아요. 주변에서 일어날 만한 일들이 담긴 이야기 말이에요. 저와 제 가족이 사는 모습처럼, 지상낙원이라고 할 수는 없지만 미처 말로 표현하지 못하는 소소한 행복의 원천이 되는 흥미롭고 가슴 따뜻한 이야기를 쓰는 작가가 좋습니다."

그녀의 말을 들으며 감정이 흔들리는 걸 감추느라 안간힘을 써야 했다네. 물론 오래 버티지는 못했지만 말이야. 그녀가 《웨이크필드의 목사》라든가(여기서도 역시 몇몇 독일 작가의 이름을 삭제해야 했습니다. 로테의 생각에 동의하는 사람이라면 이 부분을 읽고 그 작가들이 누구인지 가슴으로 알 수 있을 것이며, 그렇지 않은 사람은 굳이 알 필요가 없을 것입니다-편자주) 누구누구에 관해서 그토록 통찰력 있는 견해를 지나가는 말처럼 던졌을 때 나는 그만 자제력을 잃고 내가 하고 싶었던 말들을 모두 쏟아놓고 말았거든. 얼마쯤 시간이 지나고, 로테가 다른 여자에게 화제를 돌리면서 대화를 유도할 때야 비로소 나는 그동안 그들이 눈만 동그랗게 뜬 채, 마치 그 자리에 없는 사람들처럼 말없이 앉아 있었다는 사실을 깨달았다네. 내 파트너의 사촌이 시선을 내린 채 내 쪽으로 몇 번 시선을 돌렸지만 나는 개의치 않았어.

그리고 화제는 춤추는 즐거움으로 옮겨 갔네.

"춤추는 걸 즐기는 게 흠이라고 해도, 저는 춤보다 더 즐거운 건 없다고 기꺼이 고백하겠어요."

로테가 말했어.

"마음에 걱정거리가 있을 때, 음도 제대로 안 맞는 피아노지만 그걸로 대무곡(17세기경 영국에서 시작되어 유럽에 유행한 춤곡 – 역자 주)을 신나게 두들기고 나면 기분이 좋아진답니다."

그녀와 대화를 나누는 동안 그녀의 검은 눈동자를 얼마나 탐닉했던지! 생동감 있게 움직이는 그녀의 입술과 윤기 흐르는 풋풋한 볼에 내 영혼 전체가 얼마나 빠져들었던지! 그녀의 반짝이는 대화의 감각에 얼마나 온전히 몰입해 있었던지! 그녀가 자기 생각을 거침없이 표현하는 동안 잠깐씩 그 단어들이 귀에 들어오지 않을 정도였다네! 자네는 나라는 사람을 잘 알고 있으니 짐작할 수 있을 거야. 나는 연회장 앞에 마차가 멈추었을 때도 마치 꿈을 꾸는 사람처럼 내려섰고, 땅거미가 내려앉은 가운데 그 꿈속에서 헤매느라 눈부시게 밝은 연회장에서 흘러나오는 음악 소리조차 듣지 못할 정도였다네.

사촌과 로테의 파트너인 아우드란과 또 한 남자(이름을 어떻게 다 기억하겠는가!)가 마차로 와서 우리를 맞이하고 각자 자기 파트너를 데려가고 나서, 나도 내 파트너와 함께 계단을 올라갔어.

우리는 미뉴에트를 추면서 서로를 감싸고 돌았네. 나는 몇 명의 여성에게 차례로 춤을 청했는데, 끝까지 내게 손을 맡기지 않아 춤을 마무리하지 못했던 상대는 하나 같이 매력적이지 않은 여자였다네. 잠시 후 로테와 그녀의 파트너가 영국식 대무곡을 추기 시작했고, 그녀가 우리와 어울려 춤을 출 차례가 되었을 때 내가 얼마나 기뻤을지 짐작할 수 있을 거야. 그녀가 춤추는 모습을 자네도 봐야만 해! 가슴과 영혼이 온전히 춤에 몰입해서 전신의 동작이 얼마나 조화롭고, 또 자유로우면서도 자연스러운지, 그녀에겐 오로지 춤만이 의미 있을 뿐 다른 건 아무것도 생각하거나 느끼지 못하는 것 같았다네. 그 순간 그녀의 마음속에 다른 모든 건 사라지고 오로지 춤만이 남는 것 같았어.

내가 그녀에게 두 번째 춤을 청하자, 그녀는 세 번째 춤을 약속했네. 그리고 방금 춘 독일풍의 대무곡이 참 좋았다고 솔직하게 말하는 모습이 더없이 매력적이었어. 그녀의 말에 의하면 독일에서는 한 곡이 끝날 때까지 파트너를 바꾸지 않는다는 거야.

"한 번 파트너가 되면 그 곡이 끝날 때까지 함께 추는 게 독일의 풍습이랍니다. 그렇지만 제 파트너는 왈츠가 익숙하지 않은 것 같아서, 제가 놓아주면 고마워할 것 같아요."

그러면서 또 이렇게 말했다네.

"당신의 파트너도 왈츠를 잘 모르고, 좋아하지도 않는 것 같았어요. 춤추면서 당신을 보았는데 왈츠를 잘 추시더군요. 제 파트너가 되고 싶으시다면 제 파트너에게 가서 양해를 구하셔야 해요. 그러면 저도 당신의 파트너에게 이야기하겠어요."

나는 그녀의 말에 기꺼이 동의했고, 우리가 춤을 추는 동안 우리의 파트너들은 자기들끼리 즐거운 시간을 갖기로 합의했지.

드디어 춤이 시작되었네! 한동안 다양한 동작을 통해 서로의 팔이 휘감기는 것을 즐겼어. 그녀가 얼마나 매력적이었는지! 그녀의 동작이 얼마나 경쾌하던지! 왈츠가 시작되자 우리는 천상의 두 행성처럼 서로의 주위를 돌았다네. 물론 제대로 출 줄 아는 사람이 별로 없어서 처음에는 꽤 혼잡했어. 그래서 우리는 꾀를 내어 사람들이 어느 정도 지칠 때까지 기다렸다가, 서툰 사람들이 무대를 떠난 후에 가운데로 들어갔지. 우리 둘과 또 한 쌍, 아우드란과 그의 파트너는 과감하고도 신나게 춤을 추었어. 어쩌면 그렇게 전혀 힘도 들지 않으면서 춤이 잘 춰지던지, 마치 내가 이 세상 사람이 아닌 것 같았다네. 더없이 사랑스러운 여자를 두 팔에 안고서 바람처럼 날아다니는 동안 주변의 모든 게 사라지고, 오, 빌헬름, 정직하게 말하자면, 내가 사랑하고 아끼는 이 여자가 나 외에 다른 사람과 왈츠를 추는 일이 없게 할 것이라고 맹세하고 있었다네. 설령 그러기 위해 내 목숨을 바쳐야 한다고 해도 말이야. 자네는 내 마음을 이해하겠지!

숨을 고르기 위해 연회장을 몇 바퀴 걷고 나서 그녀가 자리를 잡고 앉았어. 내가 그녀를 위해 남겨둔 오렌지가 아주 훌륭한 진가를 발휘했지. 그런데 남아 있는 오렌지라고는 그게 전부인데, 그녀가 옆에 앉은 염치없는 여자에게 한 쪽씩 권할 때마다 내 가슴이 아리고 쓰렸다네.

세 번째 대무곡을 출 때 우리는 또다시 한 조가 되었네. 그녀의 팔을 잡고 길게 늘어선 열 사이를 누비며 춤을 추는 동안 그녀의 꾸밈없이 솔직하고 순수한 기쁨이 담겨 있는 눈을 바라보면서 내가 얼마나 행복했는지는 하느님만이 아실 걸세. 그러다가 한 여인과 마주치게 되었어. 나이 지긋한 얼굴에 온화함이 어려 있어서 전부터 내 눈길을 끌었던 여자였는데, 그녀가 미소를 지으며 로테를 향해 위협적으로 손가락을 치켜세웠어. 그러고는 우리가 그녀를 스쳐 지나가는 순간 의미심장한 어조로 알베르트라는 이름을 낮게 두 번쯤 속삭이는 거야.

"알베르트가 누구인지 물어도 되겠습니까?"

내가 이렇게 물었고, 그녀가 막 대답하려는 순간에 커다랗게

8자를 그리기 위해 우리는 잠시 떨어져야 했다네. 서로를 가까이 지나칠 때, 나는 그녀의 이마에 수심이 서려 있는 것을 보았어.

"말씀드리지 않을 이유가 없지요."

프로미네이드 자세(두 사람이 같은 방향을 보고, 서로의 팔을 옆으로 겹치듯 뻗어 오른손끼리, 왼손끼리 잡는 자세 - 역자주)를 취하기 위해 손을 잡으면서 그녀가 말했네.

"알베르트는 저와 약혼한 거나 다름없는 좋은 사람이랍니다."

물론 몰랐던 사실은 아니지. 가는 길에 마차 안에서 여자들이 말해주었으니까. 그렇지만 그 순간엔 마치 처음 듣는 얘기처럼 느껴졌다네. 왜냐하면 그녀는 너무도 짧은 시간에 내게 중요한 사람이 되어버렸고, 그 후로 나는 마차에서 들은 사실을 그녀와 연관지어 생각해보지 않았거든. 당연히 나는 혼란에 빠져 박자를 놓치고 스텝을 잊어버려 다른 사람들 사이로 잘못 끼어들면서 춤을 망쳐버리고 말았다네. 당황한 로테가 나를 이리저리 잡아당기고 끌어가면서 겨우 한 곡을 마칠 수 있었다네.

벌써 한참 전부터 지평선 근처에서 번개가 번쩍거리고 있었고 나는 그때마다 그저 여름 번개일 뿐이라고 사람들을 안심시켰는데, 결국엔 춤이 끝나기도 전에 음악 소리는 사나워진 천둥소리에 묻혀버리고 말았어. 그러자 여자 셋이 대열을 이탈해 흩어지고 그녀들의 파트너들도 따라갔지. 점차 장내가 어수선해지고 음악은 멈췄다네. 즐거운 시간에 흠뻑 빠져 있다가 갑자기 불행이 닥치거나 두려운 상황이 벌어지면, 사람들은 평소보다 한층 더 강하고 예민하게 반응한다네. 그건 앞뒤의 상황이 극명하게 대조되기 때문에 더 생생하게 느껴지는 것이기도 하고, 그보다 더 직접적인 이유는 우리의 감각이 즐거운 자극을 받아들이느라 활짝 열려 있는 상태여서 불쾌한 자극도 더 크고 깊게 받아들이는 것일 수도 있지. 여자 몇 명이 겁에 질려 잔뜩 찡그린 표정을 지은 것도 그런 이유였을 거야. 한 영리한 여자는 구석으로 가서 창문 쪽으로 등을 돌리고 귀를 막았고, 또 다른 한 명은 그녀 앞에 무릎을 꿇고 영리한 여자의 무릎에 얼굴을 묻었다네. 그러자 세 번째 여자가 둘 사이로 비집고 들어가더니 자매들을 부둥켜안고 눈물을 흘리는 거야. 집으로 가고 싶다는 여자도 있었고, 그저 어찌할 바를 몰라 하며 허둥대는 여자들도 있었다네. 얼마나 정신이 없으면, 탐욕스러운 청년들이 그 틈을 타서 겁에 질린 미녀들의 입술에서 하늘에 올리는 기도를 훔치는 무례함을 제지할 여력도 없는 것 같더군. 남자 몇은 조용히 담배를 피우러 아래층으로 내려갔고, 남아 있는 사람들은 집주인이 덧창과 커튼이 있는 방으로 가자고 했을 때 기꺼이 따라나섰네. 로테는 사람들이 옮겨 간 방에 의자를 둥그렇게 배치하고는 모두 자리를 잡고 앉게 한 다음, 게임을 하자고 제안했어.

은근히 구미가 당기는 벌칙이라도 기대하는지, 입술을 씰룩거리며 팔다리를 쭉 펴는 젊은이도 있었다네.

"숫자 세기 게임을 하겠어요."

그녀가 말했어.

"자, 잘 들으세요! 제가 오른쪽에서 왼쪽으로 원을 그리며 돌겠어요. 그러면 여러분은 순서대로 돌아가며 자기 순서의 숫자를 말해야 합니다. 도화선에 불씨가 번지듯 끊어지지 말고 빠르게 이어져야 합니다. 누구든 머뭇거리거나 실수하면 따귀를 맞게 됩니다.

그렇게 천까지 세는 거예요.”

　게임을 구경하는 게 무척 재미있었다네. 로테는 팔을 쭉 뻗은 채 원을 그리며 돌았어. “하나” 하고 첫 번째 사람이 외쳤네. 그러자 그 옆 사람이 “둘”, 그다음 사람이 “셋” 하는 식으로 이어졌어. 로테의 걸음도 점점 빨라졌어. 그러다 누군가가 실수하자 철썩, 하는 소리와 함께 좌중이 모두 웃었고, 그런 가운데 또다시 게임이 시작되었지. 잠시 후 또다시 철썩! 그렇게 속도를 높여가며 게임이 진행되었네. 나도 두 대나 맞았는데, 그녀가 다른 사람을 때릴 때보다 힘을 주어 세게 때린 것 같아 짜릿한 쾌감이 느껴졌다네. 모두 웃느라고 소란스러워지면서 천까지 세기 전에 게임은 끝났어. 특별히 친해진 몇몇은 자기들끼리 좀 떨어진 곳으로 가고, 천둥번개가 가라앉은 다음 나도 로테를 따라 다시 연회장으로 갔지. 가는 길에 그녀가 말했어.

　“따귀 맞을까 봐 신경 쓰느라 모두 폭풍우나 두려움은 다 잊어버렸어요!”

　뭐라고 응답해야 할지 몰라 잠자코 있는데 그녀가 말을 이었어.

　“사실 제일 겁을 먹은 건 저였어요. 그렇지만 다른 사람의 기분을 북돋우느라 용감한 척한 거죠. 그러다 보니 정말로 용감해지더라고요.”

　우리는 창가로 걸어갔네. 멀리서 천둥소리가 들렸고, 비단결 같은 비가 대지를 적셨네. 그리고 싱그러운 냄새가 훈훈한 바람을 타고 올라왔다네. 로테는 창틀에 팔꿈치를 괴고 바깥 풍경을 뚫어질 듯 바라보았어. 그러더니 하늘을 한 번 올려다보고 내 쪽으로 시선을 돌렸네. 그러자 그녀의 눈에 눈물이 고여 있는 게 보였어. 그녀가 내 손 위에 자기 손을 올려놓으며 조용히 말했어.

"클롭슈토크Friedrich Gottlieb Klopstock(18세기 독일의 시인. 당대 연인들에게 사랑받았다 – 역자주)!"

그 순간 그녀의 머릿속에 흐르고 있을 그 찬란한 송가를 떠올릴 수 있었고, 그녀가 암호 같은 외마디 말로 나에게 쏟아붓는 벅찬 감정의 물결에 잠겨버리고 말았다네. 나는 더 이상 참지 못하고 머리 숙여 그녀의 손에 입을 맞추며 환희의 눈물을 흘렸어. 나는 다시 그녀의 눈을 보았지. 고결한 시인이여! 그녀의 눈빛에서 당신을 우러르는 마음을 보았어야 합니다. 나는 이제 로테 외의 사람이 당신의 이름을 함부로 부르며 모독하는 걸 견딜 수 없을 것 같습니다!

6월 19일

어디까지 이야기하다 말았는지 모르겠네. 어젯밤 잠자리에 들었을 때가 새벽 2시였던 건 알아. 만약 내가 그 이야기를 편지로 쓰는 대신 자네에게 말로 직접 전했다면 동이 틀 때까지 이어졌을 것이라는 사실도 알지. 하지만 연회가 끝나고 집으로 오는 길에 무슨 일이 있었는지는 말하지 않은 거 같네. 하지만 오늘은 그 이야기를 해줄 시간이 없을 것 같아. 아무튼 내 생애 최고의 일출이었다네. 사방에 늘어선 나무에서는 빗방울이 떨어지고 들판엔 싱그러운 기운이 가득했어! 파티를 즐긴 여자들은 마차 안에서 잠들어 있었고, 로테는 자긴 신경 쓰지 말고 나도 잠시 눈을 붙이는 게 좋겠다고 하더군. 나는 이 두 눈으로 그녀를 바라볼 수 있는 한 그럴 일은 없다고 말했어. 우리는 둘 다 별장 정문에 이를 때까지 그렇게 깨어 있었네. 하녀가 조용히 문을 열어주었고, 로테가 식구들의 안부를 묻자 아버지와 동생들 모두 잘 지냈으며 곤히 자고 있다고 전해주었어. 나는 그녀를 두고 돌아서면서 날이 밝으면 다시 만나줄 수 있느냐고 청했네. 그녀가 나의 청을 받아주었고, 나도 집으로 돌아왔어. 그 후로 해가 뜨는지, 달이 지는지, 별이 뜨는지 모르는 채 지내고 있다네. 밤인지 낮인지도 모르고, 나를 둘러싼 세상이 내 안에는 더 이상 존재하지 않아.

6월 21일

나는 지금 하느님께서 성인들을 위해서나 마련하셨을 법한 복된 나날을 지내고 있다네. 앞으로 무슨 일이 닥칠지는 모르지만, 아무튼 생의 가장 순수한 기쁨을 맛보았음은 부정할 수 없네. 자네는 발하임이 내게 어떤 곳인지 잘 알 거야. 나는 이제 이곳에 완전히 정착한 것 같네. 로테의 집에서 30분 거리에 있는 이곳에서 나는 나 자신을 포함해 인간에게 허락된 모든 행복을 온전히 누리고 있어.

산책하기 좋은 곳으로 발하임을 선택했을 때, 이곳이 천국과 그렇게 가까운 곳일 줄 상상이나 했겠나! 요즘 얼마나 자주 멀리까지 배회하는지 몰라. 그때마다 언덕의 경사면이나 강 건너 풀밭에 서서, 나의 모든 욕망이 향하고 있는 그 사냥 별장을 바라보곤

한다네!

　사랑하는 빌헬름, 그동안 나는 이런저런 생각들을 해보았네. 자기 세계를 넓히고, 새로운 것을 발견하고, 떠돌아다니고 싶은 인간의 욕망과 한계에 순응하고 습관의 틀 안에서 오른쪽도 왼쪽도 보지 않고 앞만 보고 매진하려는 내적 추진력에 대해서 생각해보았어.

　내가 어쩌다가 이 고장에 와서, 언덕에서 아름다운 골짜기를 내려다보게 되었는지, 어쩌면 그렇게 주변의 모든 것이 내 마음을 사로잡는지를 생각하면 경이로운 느낌마저 든다네. 저기 보이는 작은 숲! 그 그늘에 들어가 한데 어우러질 수만 있다면! 저기 보이는 산봉우리! 그 꼭대기에 서서 넓은 지역을 한눈에 내려다볼 수 있다면! 굽이굽이 이어지는 언덕과 완만한 계곡! 그 속에 온전히 젖어들어 무아의 지경에 이를 수 있다면! 서둘러 그리로 달려갔지만 내가 바라던 것은 찾지 못하고 돌아와야 했다네. 아, 멀리 있는 풍경은 미래와 같아! 우리 앞에 아스라이 펼쳐진 풍경을 바라볼 때면 우리 마음도 아련한 그리움처럼 그것에 젖어들지. 그리고 오로지 그 하나의 감정에 기꺼이 자기 전부를 내던지고 싶어지는 거야. 그렇지만 안타깝게도 가까이 달려가면, '저 멀리 있는' 풍경은 '여기 이곳'이 되고 모든 게 전과 다름없어지는 거지. 우리는 늘 그랬듯이 가난하고 제한된 존재일 뿐이며, 우리의 영혼은 이미 빠져나간 향기를 갈망하기 시작한다네.

　그리하여 결국 떠도는 영혼을 가진 방랑자는 다시 고향 마을과 그의 오두막, 아내의 가슴, 품으로 달려들 자식들, 생계의 수단이었던 일터를 그리워하게 되고, 온 세상을 돌아다녀도 찾지 못했던 행복을 그 안에서 찾게 된다네.

해 뜰 무렵 발하임에 가면, 그곳 정원에서 내가 먹을 껍질 완두를 딴다네. 그리고 자리 잡고 앉아서 줄기를 다듬으며 틈틈이 호머를 읽고, 주방에서 냄비 하나 가져다가 버터 바른 콩을 담고 불위에 올리는 거야. 뚜껑을 덮고 옆에 앉아 있다가 가끔 냄비를 흔들다 보면 페넬로페(그리스 신화에 나오는 오디세우스의 아내 – 역자주)의 원기 왕성한 구혼자들이 소와 돼지를 잡고, 토막 내서 굽던 모습이 눈앞에 선하게 펼쳐진다네. 옛 가부장 시대의 소박하고 단순한 삶만큼 평온하고 진실하게 내 마음을 채워주는 건 없는 것 같아. 내가 지금 허세 부리지 않고 그러한 삶을 나의 일상에 엮어 넣을 수 있다는 사실이 감사할 따름이라네.

손수 기른 양배추 한 통을 식탁에 올리면, 그것을 먹는 동안 농부는 양배추만 먹는 것이 아니라 그걸 기르는 동안 화창했던 날들, 씨 뿌리던 아름다운 아침과 물을 주며 자라는 걸 지켜보던 저녁의 환희까지 한순간에 맛보는 것일세. 내가 그러한 복 된 기쁨을 맛볼 수 있다는 게 얼마나 행복한지 모른다네.

6월 29일

그저께 이 고장 시내 의사가 법무관을 만나러 그의 집에 왔다가 거실 바닥에서 로테의 동생들과 뒹굴고 있는 나를 보았다네. 아이 몇은 내 등에 올라타고, 몇은 내가 간지럼을 태우는 동안 나를 놀리고 하느라 시끌벅적할 때였어. 그 의사는 대화를 나누는 중에도 소맷동을 매만지고 주름을 잡아당길 정도로 매우 고지식하고 원칙을 중시하는 사람인데, 내 행동을 보고 교양 있는 사람답지 못하다고 생각하는 것 같았네. 그의 표정만 보고도 알 수 있었지. 하지만 나는 개의치 않고, 그는 그 나름의 사리 분별에 맞는 말을 하도록 놔두고, 아이들과 카드로 집 짓기 놀이를 계속했다네. 그런데 시내로 돌아가서는 그 일에 대해서 불평을 한 모양이야. 그러지 않아도 버릇없는 법무관네 아이들을 베르테르가 완전히 망치고 있다고 말이지.

그렇다네, 빌헬름. 나는 늘 아이들의 마음이 내 마음과 가장 가깝다고 느낀다네. 그 작은 존재 안에 앞으로 그들이 살아가면서 필요할 모든 미덕의 오염되지 않은 순수한 씨앗이 들어 있어. 그들의 고집스러움에서 앞으로 가지게 될 확고부동하고 견고한 성품이 보이고, 그들의 짓궂은 장난기에서 삶의 위기를 맞이했을 때 유연하게 넘어갈 선한 유머와 태평스러움이 보일 때면, 인류의 스승이 남기신 금언을 되새기지 않을 수 없다네.

'너희가 어린아이와 같이 되지 않으면!'

이렇게 우리와 동등한 존재이며 우리가 본보기로 삼아야 할 아이들을 우리는 열등한 상대로 취급하고 있어. 마치 그들은 자기 의지가 없는 게 당연한 것처럼 말일세! 그렇다면 우리도 가지지 말아야 하는 거 아닌가? 언제부터 의지가 어른만의 특권이 되었는가? 우리가 나이를 더 먹고 아는 게 더 많기 때문이라고! 하느님의 나라에는 오직 나이 많은 아이와 어린아이가 있을 뿐이며, 그분의 아들은 오래전에 어떤 아이가 하느님을 가장 기쁘게 하는지 분명하게 밝히셨다네. 그런데도 사람들은 하느님을 믿는다고 하면서 그분의 말씀에는 귀를 기울이지 않아. 물론 그 또한 새삼스러운 일은 아니지만 말일세. 그리고 자기들이 생긴 대로 자녀를 훈육한다네. 잘 있게, 빌헬름! 더 이상 이런 실없는 이야기를 계속하고 싶지 않아서 오늘은 이만 줄이겠네.

7월 1일

가여운 내 마음이 병상에 누워 아파하는 사람보다 더 괴롭다보니, 로테가 병약한 사람에게 얼마나 큰 위안이 되는지 알 것 같네. 로테는 시내에서 어떤 선량한 여인과 함께 지내게 되었어. 의사의 말에 따르면, 살날이 얼마 남지 않은 그 여인은 삶의 마지막 시간 동안 로테가 곁에서 돌봐주기를 희망한다는 거야. 지난주에는 로테와 함께 한 시간 정도 거리에 있는 산기슭에 자리 잡은 성_聖 ○○○ 마을의 목사를 방문했다네. 4시쯤 도착했는데, 로테의 동생도 함께 갔어. 높이 자란 호두나무 두 그루가 그늘을 드리우고 있는 목사관 안뜰에 들어서자, 교회 정문 앞 벤치에 한 노인이 앉아 있더군. 그는 로테를 보자 갑자기 생기가 돌면서, 옹이 진 지팡이도 잊어버리고 벌떡 일어나 그녀를 향해 다가오려고 하는 거야. 로테가 달려가 그를 다시 앉히고 그 옆에 앉아서 자기 아버지의 안부를 전하고는 꾀죄죄한 개구쟁이 아이를 안아주었다네. 그 아이는 목사가 나이 들어 얻은 보물 같은 막내아들이라더군. 로테가 노인을 보살피는 모습을 자네가 보았어야 해. 반쯤 귀먹은 노인이 알아듣기 좋도록 소리를 높여가며 갑작스럽게 세상을 떠난 건강했던 젊은이들의 이야기를 들려주기도 하고, 칼스바트 온천의 뛰어난 효험을 언급하면서 내년 여름을 그곳에서 보내기로 한 그의 결정을 칭찬해줬다네. 지난번에 만났을 때보다 훨씬 좋아 보이고 활기 있어 보인다는 이야기도 빼놓지 않았어. 그러는 동안 나는 목사의 아내에게 인사를 건넸어. 목사는 한결 생기가 도는 것 같았네. 내가 시원하게 그늘을 만들어주는 호두나무를 칭송하자 목사는 힘들여 나무에 관한 이야기를 시작했네. 그의 말에 따르면 둘 중 수령이 오래된 것은 누가 심었는지 모른다네.

"이 목사가 심었다, 저 목사가 심었다 의견이 분분했어. 그렇지만 뒤에 있는 수령이 적은 나무는 내 아내와 나이가 같아서 10월이 되면 50년이지. 아내가 태어나던 날 그녀의 아버지가 심었거든. 아침에 나무를 심었는데 그날 저녁에 태어났으니까. 장인어른은 이 교회의 전임 목사셨는데 나무들을 정말 사랑하셨어. 물론 나에게도 의미가 깊은 나무이긴 해. 20년 전 가난한 학생이었던 내가 처음 이 안뜰에 들어섰을 때, 아내가 저 나무 밑에 있는 통나무에 앉아 뜨개질하고 있었거든."

로테가 목사의 딸에 관해 묻자, 슈미트 씨와 함께 들에 있는 일꾼들에게 갔다고 대답하고는 곧 다시 자기 이야기를 이어갔어. 전임 목사가 자기를 얼마나 마음에 들어 했으며, 그의 딸도 자기를 좋아했었다는 이야기, 그리고 처음에 부목사로 일하다가 목사직을 물려받았다는 이야기. 이야기가 끝나자마자 목사의 딸이 앞서 말했던 슈미트 씨와 함께 정원을 가로질러 왔다네. 그녀는 로테를 보더니 진심으로 반겼어. 갈색 머리에 발랄하고 체격이 좋은, 꽤 매력적인 여인이었다네. 시골에서 잠시 머무는 동안 즐거운 대화

상대가 돼주기에 더없이 좋은 상대라는 생각이 들었어. 슈미트 씨는 자기가 그녀의 청혼자라고 밝혔는데, 세련되고 잘생긴 외모에 비해 말이 너무 없었어. 로테가 대화를 유도하려고 여러 번 노력했는데도 도무지 응하려고 하지 않는 거야. 그게 무엇보다 신경에 거슬렸던 이유는 그가 대화에 참여하지 않는 게 무식해서가 아니라 고집과 못된 성격 탓이라는 걸 느낄 수 있었기 때문이라네. 그의 표정이 그렇게 말하고 있었거든. 그리고 유감스럽게도 그러한 나의 판단은 금방 사실로 드러났다네. 프리데리케가 로테와 짝을 이뤄 걷다가 잠깐씩 나와도 나란히 걷게 되었는데, 그때마다 원래 거무스름한 슈미트 씨의 얼굴이 눈에 띄게 어두워졌다네. 그러면 로테가 내 소매를 슬쩍 잡아당기며 내가 프리데리케에게 지나치게 다정하다는 걸 알려주곤 했어. 사람들이 서로를 괴롭히는 걸 보는 것보다 더 가슴 아픈 일은 없다네. 특히 삶의 즐거움을 만끽해야 할 한창나이의 젊은이들이 엉뚱한 이유로 며칠씩 서로를 아프게 하고는, 시간이 지나서야 돌이킬 수 없는 소중한 시간을 낭비했음을 깨닫는 일은 너무도 애통한 일이지 않은가. 그런 생각으로 기분이 나빠진 나는 저녁 무렵 목사관으로 돌아와 응유(우유를 산이나 효소로 응고시킨 것-역자주)를 마시며 삶의 기쁨과 시련을 주제로 이야기를 나눌 때, 속에 담아둔 감정의 실마리를 꺼내 불쾌한 기분에 대해 퉁명스럽게 털어놓을 수밖에 없었다네.

"우리는 흔히 즐거운 날은 너무 적고 우울한 날은 너무 많다고 불평하지요. 하지만 저는 이런 불평이 부당하다고 생각합니다. 마음을 열고 하느님께서 매일 우리에게 주시는 좋은 것들을 충분히 영위한다면, 나쁜 일이 닥쳤을 때 그것을 이겨낼 힘을 가지게 될 테니까요."

"하지만 감정은 우리가 통제할 수 있는 게 아니죠."

목사의 아내가 말했네.

"우리의 감정은 많은 부분 몸 상태에 의해 좌우되지요. 몸이 불편하면 뭘 해도 즐거울 수가 없답니다."

나는 그녀의 말이 옳다고 인정했어.

"그렇다면 우울감을 하나의 질병으로 보고, 그것을 치료할 방법이 있는지 알아봅시다."

"그거 좋은 생각이네요."

로테가 말을 받았네.

"저는 그런 문제는 자신에게 달렸다고 생각해요. 저의 경우는 그렇거든요. 화나는 일이 있거나 기분이 나빠지려고 할 때, 벌떡 일어나서 정원을 오가며 대무곡을 몇 곡 부른답니다. 그러면 곧 나아져요."

"제가 하려던 말도 바로 그겁니다."

내가 덧붙였다.

"우울감은 게으름과 다를 바 없다고 생각합니다. 실제로 일종의 게으름이죠. 우리는 천성적으로 그것에 빠져들기 쉬운 기질을 가졌지만, 정신을 똑바로 차리고 기운을 북돋우면 일이 손에서 날아다니고 얼마든지 잘해낼 수 있어요. 그러고 나면 몸을 움직여 일하는 기쁨을 알게 되지요."

프리데리케는 우리의 말에 열심히 귀를 기울이고 있었다. 하지만 그녀의 청혼자는, 우리는 자신을 통제할 수 없으며 모두가 자기 감정을 다스릴 수 있는 건 아니라며 이의를 제기했다.

"지금 우리는 우울한 감정에 관해 이야기하고 있어요."

내가 그의 말을 받았다.

"우울한 감정은 모두가 얼른 떨쳐버리고 싶어 하지요. 하지만 실제로 해보기 전에는 자기 힘으로 어디까지 할 수 있는지 모릅니다. 병에 걸린 사람은 의사를 찾아다니며 건강을 되찾을 수만 있다면 아무리 어려운 치료법도 따르고자 할 것이고, 어떤 쓴 약도 기꺼이 먹으려고 할 겁니다."

그때 나는 늙은 목사가 대화에 끼고 싶어 하는 것을 알아차렸네. 그래서 일부러 목소리를 높여 그를 향해 말했어.

"악을 비난하는 설교는 많이 들었습니다. 하지만 불쾌하거나 침울한 감정을 멀리해야 한다는 말은 지금까지 설교단에서 들어본 적이 없어요(지금은 이 주제에 관해 라바터_{Johann Kaspar Lavater}의 훌륭한 설교집이 출간되어 있습니다. 그중에도 요나서에 관한 설교가 뛰어납니다 – 편자주)."

"그건 도시의 목사들이 해야 할 일이지."

늙은 목사가 말했다.

"농부들은 기질적으로 우울감이라는 걸 잘 모른다네. 그래도 가끔 그런 설교를 한다고 해서 해가 되지는 않을 거야. 적어도 내 아내나 법무관에게는 교훈이 될 수도 있을 테니까."

그 말에 우리는 모두 웃었어. 목사도 함께 웃다가 기침이 터져 나오는 바람에 잠시 대화가 중단되었다네. 잠시 후 젊은 청혼자가 다시 말을 이었어.

"우울한 감정이 악덕이라는 말씀은 좀 과한 것 같습니다."

"아니요, 절대로 과하지 않습니다."

내가 대답했어.

"우리 자신과 이웃에게 해가 된다면 악덕이지요. 서로를 행복하게 해주지는 못할망정, 때때로 허락되는 기쁨마저 서로 부대껴서 빼앗으면 되겠습니까? 불쾌한 감정을 느끼면서도 주변 사람의 즐거움을 망치지 않으려고 감쪽같이 혼자 감당하는 사람을 알고 있다면 말씀해보십시오. 불쾌한 감정이란 하찮은 자기 존재에 대한 내적 불만족이자 어리석은 허영심 때문에 시기심에 얽매인 자신에 대한 언짢음 아닐까요? 우리가 미처 행복하게 해주지 못한 사람들이 그래도 나름대로 행복하게 사는 걸 볼 때, 견디기 힘든 좌절감이 들기도 하니까요."

너무 열을 내며 이야기하는 날 보고 로테가 빙긋이 웃었네. 프리데리케의 눈에 그렁그렁 고여 있는 눈물을 보며 나는 더욱 열변을 토하게 되었어.

"자기가 가진 영향력을 이용해서 다른 사람의 마음에서 솟아나는 기쁨을 빼앗는다면 그는 참으로 딱한 사람이지요. 폭군 한 사람으로 인해 한순간의 즐거움이 씁쓸하게 퇴색되고 나면, 세상이 줄 수 있는 모든 선물과 호의로도 만회할 수 없는 법이랍니다."

나는 이렇게 말하면서 가슴이 벅차올랐고, 지난날의 수많은 기억이 영혼을 스치면서 눈물이 흘러내렸다네.

"우리가 친구를 위해 할 수 있는 유일한 일은 기쁨이 그들 곁에 머무르는 것을 방해하지 않으며, 그들의 행복에 동참함으로써 그것을 배가시키는 일뿐이라는 사실을 매일 자신에게 상기시킬 수 있다면 얼마나 좋을까요."

내가 목청을 높이며 말했어.

"친구의 영혼이 불안한 열정으로 번민하거나 슬픔으로 무너졌을 때, 당신은 그에게 한 방울의 위로라도 해줄 수 있습니까? 꽃다운 젊은 시절에 당신이 무심히 외면했던 사람이 무서운 병마에 붙잡혀 마지막 순간을 맞이하려 할 때, 그녀의 멍한 시선이 천국을 향해 열려 있고 창백한 이마에 죽음의 땀방울이 맺힌 채 누워 있을 때, 당신은 그녀의 머리맡에 저주받은 영혼처럼 서서, 이제 아무리 애를 써도 해줄 수 있는 게 없음을 절실하게 느끼며, 마음속 깊이 몰려드는 두려움에 떨겠지요. 그리고 죽어가는 그녀에게 한 방울의 위로, 한 줄기의 용기라도 전할 수 있다면 모든 걸 다 내놓고 싶은 심정이 될 것입니다."

이 말을 쏟아놓으며 지난날의 기억이 너무도 생생하게 떠올라, 나는 손수건으로 눈물을 닦으며 그 자리를 떠났다네. 그러다가 이제 돌아갈 시간이라며 나를 부르는 로테의 음성에 정신이 번쩍 들었어. 돌아오는 길에 로테는 내가 매사에 너무나 감정적으로 깊이 빠져든다고 나무라면서, 그러다가는 건강을 잃을 수도 있다고 걱정했다네! 그러니 나 자신을 보존해야 한다고 말이야! 아, 천사 같은 로테! 그대를 위해서라도 나는 살아야 한다!

7월 6일

로테는 여전히 병세가 위중한 친구 곁을 지키고 있는데 한결같이 정성을 다하고 있다네. 어디서 누구를 만나든 상대의 고통을 덜어주고 행복하게 하는 사랑스러운 여자야. 지난밤에는 로테가 마리안느와 아말리에를 데리고 산책한다는 소식을 듣고 나도 중간에서 그들을 만나 함께 걸었어. 한 시간 반쯤 걷고 다시 시내로 돌아오는 길에 샘터에 들렀네. 그 샘터는 내가 소중히 여기던 곳이었는데, 이제 천 배는 더 소중해졌어. 로테가 나지막한 담장에 걸터앉고 우리는 그녀 앞에 서 있었어. 주변을 둘러보는데, 아! 고독하던 그 시절의 기억이 생생하게 떠올랐다네.

"내가 좋아했던 샘이여,"

내가 말했네.

"그때 이후로 나는 서늘한 네 곁에 와서 머무른 적이 없으며 때때로 근처에 들를 때도, 네가 이곳에 있다는 사실조차 인식하지 못한 채 서둘러 지나치고 말았구나."

아래를 내려다보니 아말리에가 물 한 잔을 떠가지고 조심조심 올라오고 있었어. 그러고 나서 로테를 돌아보는데 그녀가 나에게 어떤 존재인지 절절하게 느껴졌다네. 아말리에가 물컵을 들고 올라오자, 마리안느가 컵을 받아 물을 마시려고 했어.

"안 돼!"

아말리에가 너무 귀여운 표정으로 외쳤네.

"로테 언니, 언니가 먼저 마셔!"

그 천진하고 착한 마음씨가 어찌나 예쁘던지, 나는 그 애를 번쩍 안아 올리고 마구 키스해주지 않을 수 없었다네. 그런데 아말리에가 울음을 터트린 거야.

"좀 전에 그 행동은 좀 과하셨던 것 같네요."

로테가 이렇게 말하는 바람에 나는 순간적으로 뜨끔했다네.

"아말리에, 이리 오렴."

로테는 아말리에의 손을 잡고 계단을 내려가더니, 맑은 샘물로 아말리에의 뺨을 씻어주었어.

"자, 얼른 씻으면 괜찮아."

나는 어린 아말리에가 샘물에 작은 손을 적셔 열심히 뺨을 문지르는 모습을 지켜보았어. 기적의 샘물이 모든 더러운 것을 씻어주고 흉측한 수염을 나지 않게 해준다고 굳게 믿고 있는 거지. 로테가 속삭이는 소리가 들렸어.

"자, 이제 됐어!"

그래도 아말리에는 덜 씻는 것보다는 과하게 씻는 게 낫다는 듯이 씻기를 멈추지 않았어. 빌헬름, 자네한테 하는 말이지만, 나는 그 순간 세례식에서도 느껴보지 못한 경외감을 경험했다네. 로테가 올라왔을 때, 나는 온 나라의 죄를 사해준 예언자를 대하듯, 그녀 앞에 무릎이라도 꿇고 싶은 심정이었어.

그날 밤, 한껏 기분이 들떴던 나는 한 남자에게 그날 있었던 일을 이야기했다네. 그는 지적인 사람이어서 인간의 마음도 잘 이해하리라 생각했는데, 결과가 어떻게 된 줄 아나? 그자는 로테가 잘못한 거라고 하는 거야. 아이들이 진실이 아닌 것을 믿게 하지 말아야 한다는 거지. 그런 식의 잘못된 믿음 때문에 수많은 잘못과 미신이 생겨나는 거라면서, 아이들을 그런 잘못으로부터 보호해야 한다는 거야. 나는 그가 일주일 전에 자기 아이를 세례받게 했다는 사실이 떠올라 더 이상 아무 말도 하지 않았다네. 그리고 진실은 내 가슴에만 새겨두기로 했어. 하느님께서는 우리가 환상과 착각 속에 헤매는 것을 허락해주심으로써 우리를 행복하게 하시며, 그러한 하느님께서 우리를 대하시듯 우리도 아이들을 대해야 한다는 진리 말일세.

7월 8일

인간이 어쩌면 이다지도 어린애 같을 수 있단 말인가! 눈길 하나에 이렇게 애가 닳을 수 있다니! 얼마나 어린애 같은가 말일세! 우리는 발하임에 갔었다네. 여자들은 마차를 타고 갔고, 우리는 산책도 했는데, 산책하는 동안 로테의 검은 눈동자에서……. 어리석은 나를 용서하게! 자네가 그녀의 눈동자를 보았어야 해! 간단히 말하겠네(너무 졸려서 눈이 감기려고 하거든). 그러니 잘 듣게. 여자들은 다시 마차에 들어가서 앉고, 젤슈타드, 아우드란, 나, 이렇게 세 사람은 젊은 W의 마차를 둘러싸고 서 있었어. 여자들은 마차 문을 열어놓은 채 우리와 담소를 나눴네. 당연히 모두 소탈하고 편안한 친구들이지. 그러는 동안 나는 계속 로테의 눈길을 기다리고 있었네. 그녀의 눈길은 한 사람 한 사람 차례로 바라보았어! 하지만 나에게는 오지 않았다네! 나에게는! 나에게는 말이야! 온전히 그녀에게 마음을 바친 채 서 있는 단 한 사람! 나는 속으로 천 번쯤 그녀에게 작별 인사를 고했네! 하지만 그녀는 나를 보지 않았어! 마차가 출발하자, 내 눈에는 눈물이 고였다네. 그녀가 멀어지는 모습을 보고 있는데, 마차의 창문 밖으로 로테의 챙모자가 보였어. 그리고 그녀가 고개를 돌려 뒤를 돌아보았지. 아! 나를 본 걸까? 친구여, 그걸 확인할 수 없어 내 마음은 표류한다네! 그리고 그 불확실성 속에서 나는 위안을 찾는 거야. 나를 보기 위

해 뒤를 돌아봤을 거야! 아마도 그랬겠지! 잘 자게! 아, 나는 어쩜
이다지도 어린애 같단 말인가!

7월 10일

다른 사람과 같이 있는 자리에서 로테의 이름이 언급되면 내가
얼마나 어리석어지는지 자네가 봐야 하네! 특히 누군가가 내게 로
테를 좋아하느냐고 묻기라도 한다면······. 좋아한다고? 나는 이 말
이 정말 싫네. 도대체 어떤 인간이 로테를 좋아하면서 모든 감각
과 마음이 그녀로 가득 차지 않을 수 있단 말인가? 좋아한다! 하
긴 최근에는 누군가가 내게 오시안Ossian(스코틀랜드의 전설적 영웅
이자 시인 - 역자주)을 좋아하는지 묻더군!

7월 11일

M 부인의 병세가 몹시 위중하다네. 그래서 그녀의 쾌차를 빌며
기도드렸어. 로테의 근심은 나의 근심이기도 하니까. 가끔 내가 친
구처럼 지내는 여자의 집에서 로테를 만나기도 하는데, 오늘 그녀
가 놀라운 말을 하더군. M 부인의 남편은 인색하고 탐욕스러운 사
람이어서 함께 사는 동안 늘 아내를 속박하고 윽박지르기를 일삼
았지만, M 부인은 그 모든 상황을 늘 잘 헤쳐왔다는 거야. 며칠 전
에 의사로부터 시간이 많이 남지 않았다는 말을 들은 그녀는 사

람을 보내 남편을 불러오게 했다는군. 그러고는 로테가 방에 있는데 자기 남편에게 말했다네.

"내가 세상을 떠난 다음에 혼란스러워지거나 말썽이 생기지 않도록 미리 당신에게 말해두어야 할 게 있어요. 나는 그동안 가능한 한 절약하면서 성실하게 살림을 꾸려왔어요. 하지만 30년 동안 당신에게 숨겨온 게 있어요. 부디 용서해주길 바라요. 결혼 초부터 당신은 식비와 기타 집안 살림에 쓰라며 적은 액수를 정해서 주기 시작했어요. 살림이 커지고 사업이 확장되어도 당신은 주급으로 내게 주는 생활비를 올려주지 않았죠. 가계 지출이 최고치에 달했을 때도 당신은 일주일에 7굴덴(19세기까지 사용되던 독일의 금화 - 역자주)으로 어떻게든 살아보라고 했어요. 나는 불평하지 않고 그 돈을 받았어요. 그리고 일주일이 끝나갈 때쯤 돈이 필요해지면 가게에 있는 현금통에서 꺼내 썼어요. 당신 아내가 돈을 꺼내 가리라고는 그 누구도 생각하지 못했겠지요. 그렇지만 한 푼도 허투루 쓰지는 않았으니, 이렇게 당신에게 고백하지 않고 나를 지으신 분을 만나러 가도 아무런 문제가 없었을 거예요. 그런데도 이렇게 털어놓는 이유는 내가 죽은 후에 살림을 맡게 될 여자는 그렇게 할 수 없을 텐데, 당신은 여전히 나의 전처는 그 돈으로 살림을 잘 꾸렸었다고 주장할 것 같아서예요."

나는 로테와 사람의 마음이 얼마나 믿을 수 없는 정도까지 스스로를 속일 수 있는가에 대해 이야기를 나눴다네. 자기 아내가 7굴덴을 가지고 살림하면서 그 액수의 두 배에 달하는 지출을 하는데도 뭔가 다른 방법을 쓰고 있을 거라는 걸 의심하지 않을 수 있다니. 그렇지만 내가 아는 사람 중에도 무한정 다시 채워지는 예언자의 기름 단지를 주겠다고 하면, 주저하지 않고 받을 사람이 몇 명 있다네.

7월 13일

아니, 나 자신을 속이려는 게 아니라네! 그녀의 검은 눈동자에서 나를 진심으로 걱정하는 마음을 읽었어. 내게 나쁜 일이 생길까 봐 걱정하고 있었다네! 그래, 나는 느낄 수 있어. 그 점에 대해서는 내 가슴을 믿어도 좋을 것 같다네. 그녀는, 아, 그녀는, 이런 말로 천국을 표현할 수 있을지 모르겠지만, 나를 사랑하고 있다네!

그녀가 나를 사랑하다니! 그녀가 나를 사랑하게 된 후로 나 자신을 얼마나 소중히 여기고 숭배하게 되었는지 몰라. 자네에게 거리낌 없이 이런 말을 할 수 있는 건 자네가 이런 걸 이해하기 때문이라네.

이건 주제넘은 착각일까, 아니면 우리의 관계를 정확하게 감지한 걸까? 나는 로테의 마음에 누가 자리 잡고 있든 두렵지 않아. 그렇지만 그녀가 온기와 사랑을 가득 담아 약혼자에 관해 말할 때면, 모든 명예와 직위를 박탈당하고 대검마저 빼앗긴 느낌이라네.

7월 16일

나의 손가락이 우연히 그녀의 손가락을 스칠 때, 테이블 밑에서 내 발이 그녀의 발에 닿을 때, 혈관을 타고 얼마나 짜릿한 전율이 흐르는지 모르네! 나는 마치 불에라도 닿은 것처럼 움찔하며 피하지만, 은밀한 기운에 밀려 나도 모르게 다시 발을 내놓는다네. 그리고 온몸의 감각에 현기증이 일어 정신이 혼미해진다네. 아! 그러나 순진무구한 그녀의 영혼은 이렇게 소소한 친밀감이 나를 얼마나 못 견디게 하는지 짐작도 하지 못하지. 대화 중에 그녀는 자기 손을 내 손 위에 올려놓기도 하고, 대화에 좀 더 몰입하기 위해 내 쪽으로 가까이 다가와 앉기도 하는데, 그럴 때면 그녀의 신비로운 숨결이 내 입술을 스치고, 나는 벼락이라도 맞은 듯 무너져 내리는 느낌이라네. 빌헬름! 혹시라도 내가 감히…… 이 천국 같은 시간을, 이 신뢰를! 자네는 나를 이해하겠지. 아니야, 내 마음이 그렇게 타락하지는 않았어! 하지만 나약하네! 너무 나약해! 나약하다는 건 부패한 것이기도 한 거 아닌가? 로테는 내게 신성한 존재라네. 모든 욕망이 그녀 앞에서는 잠잠해지지. 그녀 곁에 있을 때는 내가 뭘 느끼는지조차 알 수 없다네. 내 영혼이 신경을 타고 온몸의 구석구석을 마구 돌아다니는 느낌이거든. 로테가 피아노로 즐겨 연주하는 곡이 있다네. 그녀가 제일 좋아하는 곡인데 천사의 노래처럼 단순하면서도 감성 충만해서, 나는 그 곡의 첫 음만 들어도 모든 고통과 혼란, 우울함이 사라지는 느낌이라네.

음악이 마법의 힘을 지녔다는 옛 주장을 나는 거부감 없이 받아들이네. 이 단순한 곡이 내 마음에 어찌나 깊은 울림을 주는지! 게다가 로테는 언제 그 곡을 내게 들려주어야 할지 정확하게 알고 있어서, 내가 머리에 총이라도 들이대고 싶은 순간이 오면 그 곡을 들려준다네. 그러면 내 영혼의 어둠과 혼란이 걷히고, 나는 다시 자유로이 숨을 쉴 수 있게 되는 거야.

7월 18일

빌헬름, 사랑이 없다면 세상이 우리 마음에 무슨 의미가 있겠나! 불을 켜지 않은 환등기가 무슨 소용이 있겠나! 환등기 안에 들어 있는 전등에 불을 밝혀야 하얀 화면에 아름다운 장면이 펼쳐지기 시작하지! 그것이 덧없는 환영에 지나지 않는다고 해도, 그 앞에 서 있는 순간은 항상 행복하지 않나. 기대에 부푼 소년처럼 그 멋진 환영에 매료되어서 말일세.

오늘은 로테를 보지 못했네. 빠질 수 없는 친교 모임이 있었거든. 그러니 어쩌겠나? 그래서 하인을 그녀에게 보냈다네. 오늘 그녀 가까이 갔었던 사람을 내 곁에 두고 싶어서 말일세. 하인이 돌아오기를 얼마나 애타게 기다렸는지! 그가 돌아왔을 때 머리를 부여잡고 키스라도 하고 싶었지만, 체면을 생각해서 참았다네.

볼로나의 돌에 관한 이야기를 들은 적이 있어. 낮에 태양 빛을 받으면 그 빛을 흡수했다가 밤에 한동안 빛을 발산한다지. 그 하인이 나에게 그런 존재였다네. 로테의 시선이 그의 얼굴에, 볼에, 재킷 단추에, 외투 깃에 닿았을 생각을 하면 모든 게 신성하고 소중하게 느껴졌어! 그 순간에는 천만금을 준다고 해도 그를 내놓지 않았을 걸세. 그가 내 곁에 있다는 사실만으로도 너무 행복했거든. 제발 웃지 말게, 빌헬름. 우리를 이렇게 행복하게 해주는데, 사랑을 환영이라고 할 수 있을까?

7월 19일

그녀를 만나러 간다네! 아침에 일어나 평온한 기쁨에 차서 찬란한 태양을 보며 이렇게 외쳤다네. 그녀를 만나러 간다! 오늘 하루 그것 말고 다른 소망은 없어. 단 하나의 바람에 나는 온 마음을 기울이려네.

7월 20일

내가 공사公使와 함께 ○○○로 가야 한다는 자네의 생각을 나는 아직 받아들일 수가 없어. 나는 다른 사람 밑에서 일하는 걸 좋아하지도 않고, 더구나 그는 더불어 지내기 힘든 성격이 아닌가. 자네는 내가 안정된 활동을 하게 되면 어머니가 좋아하실 거라고 하는데, 나는 그 말에 웃음을 금할 수 없다네. 내가 지금 일을 하고 있지 않다는 말인가? 그리고 어차피 완두콩을 세든, 강낭콩을 세든 똑같은 거 아닌가? 세상만사가 결국엔 하찮고 의미 없는 일에 지나지 않는데, 자신의 열정이나 필요에 비롯하지 않고 다른 이들을 기쁘게 하느라, 돈을 버느라, 명예를 좇느라, 뼈가 부서지도록 자신을 혹사한다면, 그건 어리석은 일일 것이네.

7월 24일

내가 그림 그리는 일을 게을리하지 않는 게 자네의 중요한 관심 사이니, 다른 건 제쳐두고 그 이야기부터 하겠네. 근래에는 통 그림을 그리지 못했어.

나는 요즘 더없이 행복하다네. 자연을 대하는 나의 마음, 작은 돌멩이 하나, 작은 풀잎 하나가 어느 때보다도 온전하고 강렬하게 마음에 와닿지만, 그것을 어떻게 표현해야 할지 모르겠어. 묘사력이 너무 약해졌다고 할까. 의식에 담긴 모든 게 이리저리 떠다니거나 흔들려서 윤곽을 잡을 수가 없다네. 그렇지만 점토나 밀랍이 있다면 조형으로 만들어볼 수는 있을 것 같아. 점토를 구해서 빚어보면 어떨지 생각하고 있다네. 결국 진흙 파이밖에 만들지 못한다고 해도 말일세!

로테의 초상화를 그리려고 세 번이나 시도했는데, 세 번 다 망쳐버렸다네. 그 때문에 더욱 우울해졌어. 얼마 전까지만 해도 초상화를 제법 잘 그렸었는데 말이야. 그 대신 로테의 실루엣을 그렸는데 우선은 그것으로 만족해야겠지.

7월 26일

알았어요, 사랑하는 로테. 내가 모든 일을 처리하고 정리하지요. 그러니 제발 더 많은 일을 더 자주 시켜주기를. 한 가지 부탁이 있다면, 내게 보내는 당신의 작은 메모에 모래를 뿌리지는 말아줘요. 오늘은 성급히 그것에 입술을 댔다가 입 안에서 모래가 들어가 서걱였답니다.

7월 26일

그녀를 자주 보지 않겠다고 여러 번 결심한다네. 사실이야. 하지만 어떻게 그걸 지킬 수 있단 말인가! 매일 유혹에 굴복하고, 다시 엄숙히 맹세한다네. 내일은 보지 않으리라. 하지만 내일이 오면, 또다시 거부할 수 없는 이유로 나도 모르게 어느새 그녀의 집에 가 있다네. 전날 저녁에 그녀가 "내일도 오실 거죠?"라고 말했다면, 어떻게 가지 않을 수 있겠는가? 그녀가 내게 어떤 일을 처리해달라고 부탁했고, 그 결과를 직접 가서 알려주는 게 합당하다고 생각된다면, 또는 날씨가 너무도 화창해서 발하임까지 걸어갔는데 거기서 30분만 가면 그녀의 집이라면. 그래서 그녀의 기운이 감도는 곳에 너무 가까이 가버리고 말았다면. 아! 나는 그녀에게 가지 않을 수 없다네. 할머니가 들려주시던 이야기 중에 자석산 이야기가 있었지. 바다를 항해하던 배가 그 산에 너무 가까이 가면 갑자기 배를 구성하고 있던 쇠붙이와 못이 모두 빠져서 산으로 날아가 붙어버린다는 거야. 그리고 가여운 선원들은 무너져내리는 나무판자에 깔린 채 물속으로 가라앉는다는 거지.

7월 30일

알베르트가 돌아왔으니 나는 이제 떠나야 하네. 그가 아무리 훌륭하고 점잖은 사람이며, 내가 모든 면에서 머리를 숙일 만한 사람이라고 해도, 그렇게 완벽한 로테를 독차지하는 걸 곁에서 지켜보기는 힘들 것 같아. 독차지하는 거지! 이제 끝이야, 약혼자가 돌아왔으니까! 세련되고 다정한 사람이어서 누구라도 좋아할 수밖에 없는 사람. 다행히 그가 도착할 때 나는 그곳에 있지 않았어! 만약 거기 있었다면 가슴이 찢어졌을 걸세. 그는 너무나 점잖은 사람이어서 내가 있을 때는 로테에게 키스도 한 적이 없다네. 그런 점은 하느님께서 보상해주시길! 로테를 지극히 아끼는 그를 나도 좋아해야 마땅하겠지. 그는 나에게도 호의를 보이는데, 그건 그의 마음에서 우러나서라기보다는 로테가 분위기를 그렇게 유도하려고 노력하기 때문인 것 같아. 그런 면에서는 여자들이 감각적으로 섬세하므로 제일 나은 선택을 할 수 있는 것 같아. 자신을 사랑하는 두 남자가 사이좋게 지내는 게 그들에게도 유리하지 않겠나. 물론 성공할 가능성은 작지만 말일세.

아무튼 나는 알베르트에게 경의를 표하지 않을 수 없다네. 그의 차분한 외양은 천성적으로 덜렁거리고 불안정한 모습을 숨기지 못하는 나와 극명한 대조를 이루지. 그는 감성적인 사람이고, 로테라는 여자의 진정한 가치를 잘 알고 있어. 그리고 불쾌하거나 침울한 모습을 보이는 법이 거의 없다네. 자네도 알다시피 그건 내가 제일 싫어하는 인간의 죄악이지 않은가.

그는 나를 분별 있는 사람으로 알고 있다네. 그래서 내가 로테를 사모하고 그녀의 모든 행동에 진심으로 호의적이라는 사실이 그의 승리감을 한껏 고취하는 것 같아. 그 때문에 더욱 로테를 사랑하게 되고 말이지. 때때로 소소한 질투심에 사로잡혀 로테를 괴롭히는가에 대해서는 내가 관여할 문제가 아니겠지. 내가 그의 입장이라면 질투라는 악마의 유혹으로부터 완전히 안전하지는 못할 것 같지만 말일세.

그건 그렇다고 치고, 로테 곁에서 누리던 나의 기쁨은 이제 끝났네. 그걸 어리석음이었다고 해야 할까, 아니면 환상이었다고 해야 할까? 굳이 명명이 왜 필요하겠나! 그 자체로 설명이 되는걸! 지금 알고 있는 모든 건 알베르트가 오기 전부터도 알고 있었던게 아닌가. 나는 그녀를 탐할 수 없다는 걸 알고 있었고, 그래서 결코 탐한 적이 없다네. 그렇게 사랑스러운 여자 앞에서 타오르는 갈망을 자제할 수 있는 한도 내에서는 말일세. 그리고 이제 이 바보는 다른 남자가 나타나 그녀를 빼앗아 가니 놀라서 눈이 휘둥그레진 거지.

나는 이를 갈며 나의 비참한 신세를 조롱하네. 그렇지만 "어쩔 수 없으니 단념하라"라고 조언하는 사람이 있다면, 나는 그를 두 배, 세 배로 조롱할 것이네. 그러니 그런 허수아비는 내게서 멀리 치워주게! 숲속을 헤매다가 로테의 집에 이르러 정원의 나무 밑에 알베르트와 로테가 앉아 있는 모습을 보면 더 이상 발걸음이 떨어지지 않는다네. 그럴 때면 나는 공연히 거칠고 어리석어져서 농담을 해가며 엉뚱한 행동을 한다네. 오늘은 로테가 사정하다시피 내게 말했어.

"제발 다시는 어젯밤과 같은 모습은 보이지 말아주세요! 그렇게 들떠서 장난스러워지는 모습을 보면 무서워요."

자네에게만 하는 말이지만, 나는 그가 다른 일로 바쁠 틈만 기다리고 있어. 그런 기회가 오면 단숨에 달려가지. 그녀가 혼자 있는 순간을 포착하면 나는 정말 행복하다네.

8월 8일

들어주게, 빌헬름. 피할 수 없는 운명이면 받아들여야 한다고 말하는 사람들을 비난한 것은 자네를 두고 한 말이 아니었어. 자네가 그들과 같은 마음이리라고는 전혀 생각하지 못했었네. 그렇지만 사실은 자네 말이 옳아. 다만 한 가지 말하고 싶은 것은, 세상에 이것 아니면 저것으로 양분할 수 있는 일은 많지 않다는 사실이야. 매부리코와 들창코 사이에도 다양한 형태의 코가 있듯이 사람의 감정이나 행동도 다양한 음영을 띨 수 있지 않은가. 그러니 내가 자네 생각을 수긍하면서도, 이것과 저것 사이에 비집고 들어갈 틈을 찾더라도 언짢아하지는 말아주게.

자네는 내가 로테를 차지할 희망이 있거나 혹은 없거나 둘 중 하나라고 말하겠지. "앞의 경우라면 나의 소망을 성취하는 방향으로 노력하는 거야. 하지만 또 다른 경우라면, 자네를 완전히 소진하는 비참한 열정을 남자답게 버리도록 노력하게"라고 말이야. 사랑하는 친구여! 아주 근사한 말이네. 그리고 아주 쉬운 일처럼 들리는군.

소리 없이 잠식해 들어오는 질병으로 말미암아 생명이 조금씩 꺼져가는 불행한 사람에게 그의 고통을 단칼에 끝내라고 말할 수 있나? 그의 모든 기력을 소모하게 하는 질병이 스스로 자유로워 질 수 있는 용기도 앗아 가는 거 아닌가?

물론 자네도 유사한 비유로 반박할 수 있겠지. 우물쭈물하다가 생명을 잃는 것보다는 팔 하나 잘라내는 쪽을 택해야 하지 않느냐 고? 나는 모르겠네! 이런 식으로 비유를 들어가며 서로를 반박하 지는 말기로 하세. 이제 충분히 했어. 맞아, 빌헬름. 나도 용기를 내 서 모든 걸 떨쳐버릴 용기가 솟아나는 순간이 있다네. 그럴 때 어 디로 가야 하는지 알 수만 있다면, 나는 가겠어.

8월 8일 저녁

한동안 밀쳐두었던 일기장을 오늘 펼쳐본다. 내가 모든 걸 알 면서 한 발 한 발 지금의 이 상황까지 왔다는 사실에 놀란다! 매 순간 내가 처한 상황을 선명하게 인지하면서, 그렇게 아이처럼 행 동했다니. 지금도 분명히 보고 있으나, 나아질 기미는 보이지 않 는다.

8월 10일

어리석은 짓만 하지 않는다면, 나는 더없이 행복한 삶을 살 수 있을 걸세. 우리가 인생을 살면서 이처럼 인간의 영혼을 행복하게 하는 요소들이 완전히 충족된 상황을 만나기란 쉽지 않을 거야. 아, 행복은 마음에 달렸다는 건 분명한 사실이네. 멋진 가족의 일원이 되어 그녀 아버지에게서는 아들처럼 사랑받고, 어린 동생들에게서는 아버지처럼 사랑받고 있다네. 로테도 나를 사랑해주고, 품성 좋은 알베르트는 나를 진실한 친구로 생각하기 때문에 불쾌감을 드러내서 나의 즐거움을 방해하는 일이 단 한 번도 없어. 그에게 나는 로테 다음으로 소중한 사람이라네. 빌헬름, 우리가 산책할 때 나누는 대화를 들어보면 아주 즐겁다네. 두 남자가 로테에 관한 이야기를 주고받을 때 말일세. 우리보다 더 기이한 관계는 세상에 없을 거야. 그렇지만 알베르트가 자애롭고 선한 로테의 어머니 이야기를 들려줄 때면 종종 내 눈에 눈물이 고이곤 한다네. 그녀는 임종이 다가왔을 때 로테에게 집과 동생들을 잘 돌봐달라 당부하면서 알베르트에게는 로테를 잘 보살펴달라고 부탁했다는군. 그때부터 로테는 딴사람이 된 것처럼 집안 살림을 돌보고, 동생들의 엄마 노릇을 했던 거야. 한순간도 동생들을 사랑하지 않은 적이 없으며, 집안일을 쉰 적이 없으면서도 착하고 명랑하고 쾌활한 성품은 변함이 없었다고 했네. 나는 그의 곁을 걸으며 길가에 핀 꽃들을 하나씩 꺾어 꽃다발을 만들었다가 옆에 흐르는 냇물에 던져버리고는 천천히 떠내려가는 모습을 지켜본다네. 자네에게 말했는지 모르겠는데, 알베르트는 이곳에 머물게 될 것 같아. 이곳 법원에 좋은 보수가 보장되는 직위를 맡게 되었는데, 그곳 사람들에게도 호감을 얻고 있는 것 같더군. 나도 그처럼 부지런하고 유능한 사람은 아직 보지 못한 것 같아.

8월 12일

알베르트가 더없이 좋은 사람인 건 분명하네. 어제는 그와 기억에 남을 만한 논쟁을 벌였어. 갑자기 말을 타고 산에 가고 싶어져서 작별 인사를 하려고 들렀거든. 이 편지도 산에서 쓰는 거라네. 그의 방에 들어갔는데 권총이 눈에 띄는 거야.

"여행을 가려는데 권총을 빌려주게나."

내가 말했지.

"장전하는 수고를 마다하지 않겠다면 얼마든지 빌려 가게. 그저 전시용으로 걸어놓은 거니까."

내가 권총 하나를 내리자, 그가 말을 이었다네.

"조심한다는 게 오히려 사고로 이어진 경험이 있고 나서는, 더 이상 그 물건에 손을 대지 않아."

내가 궁금해하자, 그가 이야기를 시작했어.

"한 3개월 정도 교외에 있는 친구 집에 머문 적이 있었네. 장전하지 않은 권총 두 개를 곁에 두고 편안하게 잘 잤지. 그러던 어느 날 오후, 비가 오는 날이었는데 문득 외부의 공격을 받을 수도 있다는 생각과 함께 권총이 필요하겠다는 생각이 들었다네. 그래서 하인에게 총을 닦고 장전하라고 시켰지. 그런데 그 하인이 권총을 가지고 하녀들과 장난을 친 모양이야. 그저 겁 한번 주려던 거였겠지. 그런데 어떻게 했는지, 총이 발사되었다네. 꽂을대가 총 안에 들어 있었는데, 그게 날아가 하녀의 오른 손바닥 도톰한 부분에 맞으면서 엄지손가락이 완전히 못쓰게 된 거야. 그 때문에 그녀의 온갖 하소연을 들어주어야 했고, 치료비도 모두 물어주었지. 그 후로는 총을 절대로 장전해두지 않는다네. 조심하는 게 무슨 소용 있겠나? 위험이란 어디에 숨어 있는지 알 수 없단 말이야! 그런데 실은…….”

그가 ‘그런데 실은’이라는 말만 하지 않았다면 나는 그를 정말 좋아할 거야. 모든 일반적인 명제에 예외가 따른다는 건 너무도 자명한 일 아닌가? 그런데도 그는 자기 합리화를 하는데 너무 집요해! 뭔가를 너무 성급하게 말했다거나, 지나치게 일반화를 시켰다거나, 오류가 담긴 말을 했다고 여겨질 때는 자기가 했던 말에 선을 긋고, 수정하고, 덧붙이고, 다시 주워 담느라 결국 남는 게 없을 정도라네. 게다가 얼마나 몰입해서 이야기하는지, 나는 어느 순간 듣기를 멈추고, 짓궂은 마음이 들어서 갑자기 총구를 오른쪽 눈 위 이마에 갖다 댔다네.

“하지 마!”

알베르트가 소리치며 내 손에서 권총을 빼앗더군.

“도대체 뭐 하는 건가?”

“총알이 들어 있지 않다고 하지 않았나.”

내가 대꾸하자 그가 몹시 흥분하며 말했어.

“아무리 그래도 그렇지, 무슨 짓인가? 자기에게 총을 겨누는 어리석음을 나는 이해할 수 없네. 그런 일은 생각만 해도 화가 나.”

그 말에 내가 대꾸했어.

“자네 같은 사람들은 왜 뭔가를 말할 때마다 ‘이건 어리석은 짓이다, 저건 영리한 행동이다, 이건 좋다, 저건 나쁘다’ 하는 말을 덧붙여야 하는 건가! 그게 도대체 무슨 의미가 있는데? 그런 행동을 해야만 했던 상황에 대해서 깊이 있게 살펴본 적은 있던가? 그 원인을 분명하게 파악하고, 왜 그런 일이 일어났는지, 왜 일어날 수밖에 없었는지 설명할 수 있어? 그렇다면 그렇게 성급하게 판단하지는 않을 걸세."

그러자 알베르트가 말했어.

"동기가 무엇이든 옳지 못한 행동이 있는 걸세. 자네도 그 점에 대해서는 동의해야 할 거야."

나는 어깨를 한 번 들썩여 보이며 그의 주장에 수긍하고 나서 말을 이었다.

"그렇지만 알베르트, 예외도 있는 법이라네. 이유 여하를 막론하고 악덕이라는 자네 말은 진실이야. 그렇지만 자신과 가족이 굶어 죽을 지경이 되어서 어쩔 수 없이 도둑질했다면, 그 사람은 동정해야 하나, 벌을 주어야 하나? 부정한 아내를 보고 정당한 분노가 일어 순간적으로 그 아내와 쓸모없는 정부를 해치운 남자에게 누가 먼저 돌을 던지겠는가? 환희의 순간에 찾아온 거부할 수 없는 사랑의 기쁨에 자신을 맡긴 소녀에게는? 냉정한 법조인들조차 이들에게는 처벌을 유예할 것이네."

"그건 완전히 다른 얘기야."

알베르트가 말을 받았네.

"왜냐하면, 격정에 휘둘려 이성을 잃은 사람은 만취했거나 정신이 나간 사람과 같다고 봐야 하니까."

"아, 자네 같은 이성주의자들이란!"

나는 미소를 머금은 채 탄식했다네.

"격정! 취기! 광기! 자네 같은 사람들은 이해심이라고는 없는 냉정한 도덕군자야! 술꾼을 힐책하고 정신이 혼미한 사람을 경멸하면서, 성직자처럼 그 곁을 지나치지. 바리새인처럼 자기를 그런 사람으로 태어나지 않게 해주신 하느님께 감사하면서. 나는 여러 번 술에 취해보았고 광인과 다를 바 없는 격정에 휩싸인 적도 있었네. 그렇지만 후회하지 않아. 그런 경험을 하면서, 예전에 위대한 업적을 이루고 불가능해 보이는 일을 해낸 사람들이 어떻게 술꾼이나 광인으로 조롱받았는지 깨닫게 되었기 때문이라네. 우리 일상에서도 누군가가 조금이라도 자유롭고 고매한 행동이나 예상치 못한 행동을 하면 그의 등 뒤에서 '저자는 취했어, 저자는 미쳤어!' 하면서 소리치는데, 그런 소릴 듣는 것도 참기 힘든 일이네. 취할 줄 모르는 자네 같은 사람들은 창피한 줄 알아야 해! 현명한 자들이여, 부끄러운 줄 알라!"

"그 역시 자네의 별난 주장일세."

알베르트는 이렇게 말하더군.

"자네는 모든 걸 너무 과장하고 있어. 지금 우리가 문제 삼고 있는 자살을 위대한 행위와 비교하는 건 매우 잘못된 것이네. 자살은 나약함 외에 다른 무엇도 아니기 때문이지. 고통스러운 삶을 꿋꿋하게 견뎌내는 것보다 죽는 게 쉬우니까."

그 순간 나는 대화를 중단할 뻔했다네. 논쟁할 때 제일 화가 치미는 경우는, 나는 진심으로 말하는데 상대가 공허하고 진부한 말을 늘어놓을 때니까. 그렇지만 전에도 그런 말들을 자주 들어왔고 그때마다 화를 냈기 때문에, 이번에는 마음을 가다듬고 물었어.

"그걸 나약함 때문이라고 하는 건가? 겉만 보고 오판하지 말게. 폭군 밑에서 차마 견디기 힘든 멍에를 지고 신음하던 사람들이 마침내 사슬을 끊고 들고일어나는 것을 나약함이라고 할 텐가? 자기 집이 불에 타는 것을 보고 다급해진 사람이 평소에는 움직이지조차 못하는 엄청난 무게의 짐을 들어 옮긴다거나, 모욕을 당하고 분노가 치솟아 장정 여섯 명을 제압하는 사람을 나약하다고 이를 텐가? 이보게, 나의 선량한 친구여, 분투하는 것이 강함이라면 어째서 극한의 분투는 그 반대가 되어야 하는가?"

그러자 알베르트가 나를 보며 말했다.

"기분 나쁘게 하려는 건 아니니, 오해하지 말게. 그런데 자네의 비유는 우리 논의와 무관한 것 같아."

"그럴 수도 있어."

나는 그의 말에 수긍하고 말을 이었네.

"나는 너무 많은 생각을 하나로 엮어서 이야기하려다 요점이 흐려진다는 지적을 종종 받는 편이야. 그렇다면 삶의 기꺼운 짐들을 벗어버리기로 한 사람의 마음을 헤아려볼 다른 방법을 찾아보기로 하세. 결국 우리가 공감할 수 있어야 그것에 대해 이야기를 나눌 수 있지 않겠나. 인간의 본성에는 한계가 있어. 즐거움도, 슬픔도, 고통도 그 한계까지 견딜 수 있는 거지. 그 한계를 넘어가는 순간부터 우리의 본성은 병들기 시작하는 거라네. 그렇다면 문제는 그가 나약한지 강한지가 아니라, 자기에게 닥친 시련을 견딜 수 있는가 하는 걸세. 도덕적인 시련이든 육체적인 시련이든 말이야. 그러니까 자기 목숨을 끊은 사람을 겁쟁이라고 하는 건 좀 모순된 것 같아. 악성 열병에 걸려 죽어가는 사람을 겁쟁이라고 비난하는 게 부당한 것처럼 말일세."

"그건 궤변일세! 너무 심한 궤변이야!"

알베르트가 언성을 높이더군.

"자네가 생각하는 것만큼 궤변은 아니라네."

나는 이렇게 응대했지.

"내 말을 잘 들어보게. 인간의 신체가 심하게 손상되어 그 힘의 일부가 소진되고, 기능이 저하되어 더 이상 회복할 수 없을 때, 어떤 방법으로도 생명의 정상적인 순환을 재기할 수 없을 때, 우리는 그것을 죽음에 이르는 병이라고 부르네. 그 상황을 마음에 적용해보세. 본성의 한계를 지닌 한 인간을 보고 있다고 가정하는 거야. 자기가 바라보고 느끼는 것들에 그가 어떻게 영향을 받는지, 자기 안에 생각들이 어떻게 뿌리를 내리는지. 그러고는 마침내 점점 자라나는 격정에 마음을 빼앗겨 고요하게 성찰하는 능력을 상실한 채 무너져가는지를 관찰한다면. 정신이 온전하고 이성적인 사람이 불행한 처지에 놓인 사람의 상황을 아무리 정확하게 파악하고 그를 북돋으려 해도 아무 소용이 없다네! 병자의 머리맡에 서 있는 건강한 사람이 자기가 가진 힘의 한 조각이라도 병자에게 전해주고 싶어 안타까워해도 그럴 수 없는 것과 같지."

하지만 알베르트에게는 이 모든 게 너무도 막연한 이야기였다네. 그래서 얼마 전 물에 빠져 죽은 소녀를 그에게 상기시키고 그녀의 이야기를 들려주었어.

"집안일을 돕고 매주 정해진 일을 하며 좁은 울타리 안에서 자란 소녀였지. 즐거울 일이라고는 일요일에 예쁘게 치장하고 또래 소녀들과 어울려 거리를 산책하는 일과, 축제일이 오면 파티에 참석해서 춤을 추는 정도가 전부였어. 또 시간이 나면 이웃의 열띤 뒷담화에 끼어들기도 하고 말일세. 그러다가 그녀의 정열적인 본성이 조금씩 달아오르기 시작했는데, 그 열정은 남자들이 달콤한 말로 부추기는 바람에 더 고조되었다네. 그러자 전에는 즐거웠던 일들이 점차 시들해지고, 마침내 한 남자를 만나 처음 느껴보는 감정에 그녀는 정신없이 빠져들었다네. 그리고 그 남자에게 모든 희망을 걸었어. 그 외의 세상은 완전히 잊어버린 듯, 그 남자만 보고 그 남자만 갈망할 뿐 다른 건 아무것도 들리지도, 보이지도, 느껴지지도 않은 거지. 변덕스러운 허영의 덧없는 쾌락에 오염되지 않은 그녀의 욕망은 목표를 향해 곧장 날아갔네. 소녀는 그 남자의 여자가 되어 영원히 함께 있기를 원했어. 그동안 느껴보지 못한 온갖 행복을 누리고, 갈망하던 모든 기쁨을 맛보고자 했지. 남자는 그녀의 희망을 확인해주는 여러 번의 약속과 욕망을 자극하는 대담한 애무로 그녀의 영혼을 온통 사로잡았네. 마침내 소녀는 흐릿한 의식과 행복의 예감에 자신을 맡기고 차오르는 욕망을 껴안기 위해 두 팔을 벌렸다네. 그때 남자는 소녀를 떠난 거야. 무감각한 상태로 온몸이 굳어진 소녀는 심연 앞에 섰네. 사방이 절벽 같은 어둠뿐이어서 어떤 희망도, 위로도, 미래에 대한 암시도 보이지 않았어. 그녀가 자신의 존재를 확인할 수 있는 유일한 타인이던 남자가 그녀를 버렸으니까. 소녀는 자기 앞에 펼쳐진 멋진 세상도, 지금의 아픈 상실을 채워줄 수많은 남자도 보지 못하고, 다만 온 세상이 자기를 버려 혼자 남겨진 듯 느꼈던 거야. 그러고는 절망적인 마음에 떠밀리듯 아래로 몸을 던진다네. 죽음으로 자신을 감싸 모든 고통을 잠재우려고 말일세. 여보게 알베르트, 수많은 사람이 이런 사연을 안고 있다네! 그러니 말해보게. 이게 질병과 같지 않은가? 인간의 본성이 얽히고 상충하는 힘의 미로에서 빠져나오지 못하면, 죽을 수밖에 없어. 그 소녀를 보고 '어리석은 여자로군! 시간이 기적을 행할 수 있도록 조금만 기다렸더라면 절망감도 가라앉을 것이고, 다른 남자가 다가와 위로해주었을 텐데'라고 말한다면 정말 답답한 노릇일세. 그건 마치 이렇게 말하는 것과 같아. '저런 바보, 열 때문에 죽다니! 기력이 회복될 때까지 기다렸으면 호르몬 분비와 혈액순환도 모두 정상으로 돌아오고 모든 게 좋아져서 지금도 살아 있을 텐데!'라고 말일세."

하지만 여전히 내 말에 수긍할 수 없었던 알베르트는 몇 가지 더 반대 의견을 제시했는데, 그중에는 이런 것도 있었네. 말하자면 내가 무지한 소녀의 이야기만 예로 들었다는 거야. 그렇게 제한된 삶을 살지도 않고, 폭넓은 인간관계를 가진 지식인이 그런 행동을 했다면 어떤 변명으로 그를 이해할 수 있겠냐는 거지. 친구여, 결국 나는 소리를 지르고 말았다네.

"인간은 인간일 뿐이야. 격정이 끓어올라 인간의 본성이 한계에 떠밀리면, 미약한 이성은 아무런 힘도 발휘하지 못하지 않겠나! 아니야, 그건 다음에 얘기하세."

나는 이렇게 말하고 모자를 집어 들었어. 가슴이 답답한 채 서로를 이해시키지 못한 채 헤어졌지. 이 세상에 남을 이해할 수 있는 사람은 아무도 없다는 듯이 말일세.

8월 15일

인간을 꼭 필요한 존재로 만드는 건 역시 사랑밖에 없는 것 같

아. 로테가 나를 잃어버리지 않으려고 하는 것만 봐도 알 수 있어. 이제 아이들도 내가 다음 날 다시 올 거라는 걸 당연하게 생각한다네. 오늘은 로테의 피아노를 조율하러 갔는데, 아이들이 이야기해달라고 조르고 로테도 아이들 말을 들어주라고 해서 작업을 할 수가 없었다네. 저녁에는 내가 아이들에게 빵을 잘라주었어. 전에는 로테가 잘라주는 빵만 먹었지만, 이제는 내가 잘라주는 빵도 잘 받아먹는다네. 그런 다음 내가 제일 좋아하는 '손의 시중을 받는 공주' 이야기를 들려주었지. 자네한테 자신 있게 얘기하는데, 나는 이런 경험을 통해서 많은 걸 배운다네. 내가 들려주는 이야기가 아이들의 기억에 얼마나 뚜렷하게 기억되는지 놀라울 정도야. 내 멋대로 이야기의 세부 내용을 지어내서 들려주었다가, 다음에 말할 때 잊어버리면, 아이들은 즉시 지난번에는 그렇게 이야기하지 않았다고 말해준다네. 그래서 매번 정확하게 얘기해줄 수 있도록 연습 중이라네. 노래처럼 몇 번을 불러도 달라지지 않도록 말일세. 그러는 과정에서 작가가 개정판을 낼 때, 표현 면에서는 훨씬 더 시적이고 좋아질 수 있을지 몰라도 원래의 작품이 어느 만큼은 손상된다는 걸 알 수 있었네. 첫인상은 쉽게 우리의 뇌리에 받아들여지는 법이지. 인간은 새롭고 기이한 것을 보면 쉽게 매료되도록 만들어져 있는데 첫인상에 대한 세세한 기억은 뿌리를 견고하게 내리기 때문에 나중에 그 기억을 긁어내서 버리고 싶어진다면, 그처럼 딱한 노릇이 없을 걸세.

8월 18일

왜 인간을 더없이 행복하게 만드는 요소는 동시에 불행의 원천이 되어야 하는 건가?

생동하는 자연이 주는 온기와 충만감은 나의 마음을 기쁨으로 넘치게 하고, 나를 둘러싼 세상을 낙원으로 만들어줬는데, 이제는 가는 곳마다 나를 따라다니며 괴롭히는 악령처럼 견딜 수 없는 고통을 주니 말일세. 예전에 이 바위에서 강 건너 언덕을 바라볼 때면, 풍요로운 계곡을 찬찬히 음미하면서 주변의 모든 생명체가 싹트고 부풀어 오르는 것을 느낄 수 있었네. 발치에서부터 봉우리까지 크고 빽빽한 나무로 뒤덮인 언덕과 굽이굽이 돌아가는 계곡에 그늘을 드리우는 아름다운 숲, 갈대 사이로 미끄러지듯 흐르며 저녁 미풍에 요람처럼 흔들리는 구름을 거울처럼 비추는 냇물을 바라볼 때면, 나는 뜨거운 가슴으로 그 모든 걸 받아들이고, 그 넘치는 풍요로움에 마치 내가 신이 된 듯한 느낌이었으며, 무한한 세상의 영광스러운 형상들이 내 영혼에 들어와 활기를 불어넣었다네. 그러한 나의 감흥은 수백만 마리의 각다귀 떼가 마지막 태양 빛을 받으며 격렬하게 춤을 추고 태양의 마지막 떨리는 눈빛에 풀잎에 앉았던 풍뎅이가 윙윙거리며 날아오를 때도, 새들이 숲에 생명을 불어넣는 소리를 들으며 사방에서 윙윙거리고 꿈틀대는 기운에 나도 모르게 땅에 귀를 가까이 가져가고 단단한 바위틈에서 양분을 얻어 자라는 이끼를 내려다볼 때도 예외가 아니었다네. 또한 척박한 모래 언덕을 따라서 자라는 관목이 자연의 가장 내면에서 빛나는 신성한 생명 활동을 내 앞에 드러낼 때도 말일세. 거대한 산들이 나를 감싸고, 눈앞에 펼쳐진 협곡을 타고 불어난 샘물이 쏟아져 발밑에 흐르는 강물로 흘러들며, 숲과 산들이 메아리를 주고받을 때면 나는 지구 깊은 곳에서 얽히고설킨 그 모든 헤아릴 수 없는 힘을 보는 것 같았네. 지금도 하늘과 땅 사이에서는 온갖 종류의 생명체가 수천 가지 형태로 살고 있지. 그중에 인간은 자기들끼리 모여 집을 짓고 살면서 온 세상을 지배하고 있다고 착각하는 거야! 가련한 바보들, 자기가 작다 보니 다른 것도 모두 작으리라 생각하는 거지. 범접할 수 없는 산맥부터 사람의 발길이 닿은 적 없는 사막을 지나 망망한 바다에 이르기까지 영원히 창조적인 그분의 영이 어려 있으며, 그분의 존재를 감지하며 살아가는 티끌 같은 생명체 하나에도 기뻐하시는데 말일세. 그럴 때면 머리 위로 날아가는 학의 날개를 얼마나 갖고 싶어 했는지 모르네. 지도에도 표시되지 않은 해안으로 날아가 신의 술잔에서 솟아오르는 생명의 기쁨을 마시고 싶었으며, 한순간이라도 내 가슴에 갇혀 있는 힘에서, 만물을 창조하시는 그분의 현존 그 축복 한 방울을 느끼고 싶어 했는지 모른다네.

나의 형제여, 그 시간의 기억을 떠올리면 나는 기쁘다네. 그 형언할 수 없는 느낌을 되살리고 다시 한번 표현하려 노력하는 것만으로도 나의 영혼은 고무되는 거 같아. 그러면서 동시에 지금 나를 에워싸고 있는 불안한 상황을 두 배쯤 더 생생히 절감하게 되는 거지,

그건 마치 내 영혼에 드리워져 있던 장막이 걷히고, 무한한 생명이 만들어내던 장엄한 자연이 무덤의 심연으로 변하는 광경을

눈앞에서 목격하는 느낌이라네. 모든 건 지나가거나 폭풍에 휩쓸리듯 굴러가거나, 아니면 그 존재의 기운이 지속되지 못하고 강물에 휩쓸려 가라앉거나 바위에 부딪혀 산산조각이 나는데, 뭔들 그것이 실제로 존재한다고 할 수 있겠는가? 자네와 자네에게 소중한 사람도 매 순간 소진되어가고, 자네 역시 한순간도 자연의 파괴자가 아닌 순간이 없다네. 지극히 악의 없는 가벼운 산책에서도 수천 개의 작은 생명체를 희생시키지 않던가. 발걸음 한 번으로 애써 지은 개미집을 무너뜨려 하나의 작은 세계를 참담한 무덤으로 만들어버리지. 아, 나는 어쩌다 한 번 일어나는 재난이나 마을을 쓸어버리는 홍수, 도시를 삼켜버리는 지진에는 그다지 동요되지 않는다네. 나를 두렵게 하는 건 대자연에 숨겨져 있는 파괴력이야. 자연이 만들어낸 모든 건 곁에 있는 것들은 물론 자신까지 파괴하는 법이니까. 하늘과 땅, 그리고 그사이에 나를 둘러싸고 있는 기운의 상호작용을 생각하며 나는 두려움에 싸여 비틀거린다네! 내 눈에는 끝없이 모든 걸 먹어 치우고 영원히 되새김질하는 괴물만이 보일 뿐이네.

8월 21일

답답한 꿈에서 깨어나 멍한 아침이면 나는 헛되이 그녀를 향해 팔을 뻗는다네. 초원에서 그녀 곁에 앉아 그녀의 손을 잡고 천 번의 키스를 퍼붓는 행복하고 순진한 꿈을 꾸는 밤이면 나는 헛되이 그녀를 찾는다네. 비몽사몽간에 더듬더듬 그녀에게 다가가려다 잠이 깬다네. 답답하고 불안한 마음에 눈물이 터져 나오고, 나는 암울한 미래를 마주한 채 운다네.

8월 22일

이건 재앙일세, 빌헬름. 불안정한 가운데 나태해져서 마음 놓고 게으름을 피울 수도, 그렇다고 뭔가를 할 수도 없는 상태로 지내고 있어. 상상력도 없어졌고, 자연을 감상할 수도 없어. 책조차 나를 거부하는 것 같아. 자신이 만족스럽지 못할 때는 모든 게 만족스럽지 못하게 보이는 것 아닌가. 자네한테만 하는 얘기지만, 가끔은 내가 일용직 근로자였으면 좋겠다는 생각이 들 때가 있다네. 그러면 적어도 아침에 일어나서 하루를 어느 정도 확실하게 그려 보고, 분투하며 희망을 품을 수 있을 것 같거든. 종종 알베르트가 부럽기도 해. 내가 볼 때 그는 늘 귀 높이까지 쌓여 있는 문서 더미에 묻혀 있거든. 내가 알베르트라면 얼마나 좋겠나! 몇 번이나 자네와 장관께 편지를 보내서 공사관에 일자리를 부탁할까도 생각했다네. 자네도 내가 부탁하면 거절하지 않을 것이라고 하지 않았나. 내 생각에도 그럴 것 같아서 말일세. 장관께서는 오래전부터 나를 좋게 봐주셔서 뭐든 좋은 자리를 찾아서 열심히 해보라고 권하셨다네. 그래서 한 번씩 그렇게 할까도 생각하는데, 그러다가 곧 말에 관한 옛 우화를 떠올리곤 하지. 자유로운 삶에 싫증이 난 말이 스스로 안장을 얹고 마구를 차겠다고 했다가 몰락을 자초한 이야기 있지 않나. 정말 어떻게 해야 할지 모르겠네. 그러니까 내 친구여, 상황이 바뀌기를 바라는 나의 갈망이 혹시 내가 어디를 가든 따라다니는, 나의 내면에 충족되지 않은 조급함 때문이 아닐까?

8월 28일

만약 내 병이 치유될 수 있는 거라면, 이곳 사람들이 나의 치유가 되어줄 것일세. 오늘은 내 생일이어서 아침 일찍 알베르트가 보낸 소포를 받았어. 포장을 뜯었을 때 제일 먼저 눈에 띈 건 내가 처음 로테를 만나던 날 그녀가 달고 있던 분홍색 리본이었네. 나는 그 후로도 그 리본에 대해서 몇 번이나 물어보았어. 그리고 12절판(약 7.5×4.5인치 크기 - 역자주)의 작은 책 두 권도 들어 있었는데, 내가 늘 갖고 싶어 하던 베트슈타인 출판사의 호메로스였네. 이제 산책하러 갈 때마다 무거운 에르네스티판版을 끌고 다니지 않아도 되겠어. 이것 보게! 이 사람들은 내 마음을 이렇게 헤아려준다네. 그게 이들이 우정을 나누는 방식이야. 주는 사람의 허영으로 받는 사람을 주눅 들게 하는 화려한 선물보다 천 배는 낫지 않은가. 나는 이 리본에 천 번의 키스를 하고, 숨을 들이쉴 때마다 나를 기쁨으로 충만케 했던, 그러나 다시 돌아오지 않을 짧은 날의 기억을 들이마신다네. 빌헬름, 나는 이렇게 지내고 있어. 그렇지만 불평하지 않아. 인생의 꽃은 찰나의 환영에 불과하다네! 흔적도 없이 져버리는 인생이 얼마나 많으며, 열매 맺는 인생은 또 얼마나 적으며, 그 열매 중에 끝까지 익어가는 건 또 몇이나 되겠나! 친구여, 아직도 충분히 많은 열매가 남아 있다네. 그런데 어떻게 무르익은 열매를 외면하거나 경멸하거나, 즐기지 않고 썩어가게 둘 수 있단 말인가!

잘 있게! 올여름은 참으로 아름다워. 나는 자주 가지 달린 긴 장대를 들고 로테의 과수원 나무 밑에 앉아 나무 꼭대기에 달린 배를 따곤 해. 그러면 로테가 나무 밑에 서 있다가 내가 내려주는 배를 받는다네.

8월 30일

한심한 인간! 바보 아니냐? 너 자신을 속이고 있는 것이 아니냐! 끝없이 포효하는 이 열정은 대체 뭐란 말이냐? 모든 기도가 그녀를 향하고, 떠오르는 모든 형상이 그녀의 모습이며, 세상만사를 그녀와 연결 지어 생각하게 되었다네. 나는 몇 시간이고 그렇게 행복한 시간을 보낼 수 있어. 하지만 결국엔 그녀로부터 나를 떼어놓아야 하지! 오, 빌헬름! 마음속에 자꾸 억제하기 힘든 충동이 끓어오른다네! 두세 시간씩 그녀 곁에 앉아서 그녀의 자태와 움직임, 천상의 언어 같은 표현에 젖어 있다 보면, 모든 감각이 끊어질 듯 긴장해서 눈앞이 캄캄해지는 거야. 그러면 아무 소리도 들리지 않게 되면서 암살자에게 목이 졸리는 느낌이 들어. 가슴이 거칠게 고동치면서 고통받는 감각들을 풀어주려 하지만, 그럴수록 의식은 더욱 혼란에 빠질 뿐이라네. 빌헬름, 종종 내가 이 세상에 속한 사람인지 알 수 없을 때가 있어! 이렇게 내가 우울감에 빠져 있을 때 로테의 손을 잡고 그 위로 눈물을 쏟으며 비참한 마음을 위로받을 수 있도록 그녀가 허락해주지 않으면, 나는 그녀 곁에서 떨어져야 하네. 멀리 가버려야 해! 그럴 때면 나는 멀리 나가 들판을 이리저리 헤매고 다니지. 차라리 가파른 산을 오르고, 발 디딜 수 없이 무성한 숲이나 관목을 헤치고 다니며 살갗을 긁히고, 가시나무에 살갗이 찢기면서 마음을 달래는 편이라네. 그러고 나면 기분이 조금 나아져. 아주 조금! 그러고 돌아오다가 피곤하고 목도 말라 숲에 쓰러지듯 누울 때도 있어. 보름달이 뜬 깊은 밤, 외로운 숲속에서 찢어진 발바닥도 쉬게 할 겸 옹이 진 나뭇등걸에 앉아 있다가, 새벽이 밝아오기 시작하면 지쳐서 고요해진 마음으로 잠이 든다네! 오 빌헬름! 작은 암자와 짐승의 털옷, 가시나무로 만든 띠가 내 영혼이 갈망하는 향유인 것 같아. 잘 지내게! 나의 불행이 잠잘 곳은 무덤뿐인 것 같네.

9월 3일

나는 떠나야 해! 흔들리는 나의 결심을 확고하게 해줘서 고맙네, 빌헬름. 벌써 2주째 그녀를 떠나야 한다는 생각이 머릿속에 맴돌고 있어. 떠나야 해. 로테는 요즘 또 시내에 사는 그녀의 친구 곁에 가 있다네. 그리고 알베르트는…… 나는 떠나야 해!

9월 10일

정말 잊을 수 없는 밤이었네! 빌헬름! 이제 나는 어떤 일도 극복해낼 걸세. 이제 다시는 그녀를 보지 않을 거야! 아, 자네의 목을 끌어안고 눈물과 회한을 쏟으며 괴로운 나의 마음을 털어놓을 수 없으니, 나는 마음을 진정시키려 호흡을 가다듬으며 여기 이렇게 앉아서 아침이 오길 기다리고 있다네. 동이 틀 무렵 말들이 오기로 예약되어 있어.

로테는 나를 다시 볼 수 없을 거라는 걸 모르는 채 곤히 자고 있을 걸세. 드디어 그녀로부터 나를 떼어냈어. 어제 그녀와 두 시간이나 대화를 나누면서도 나의 굳은 결심이 흔들리지 않을 만큼 마음을 굳게 먹었다네. 아, 얼마나 소중하고 값진 대화였던지!

어제 알베르트가 저녁 식사 후 바로 로테를 데리고 정원으로 오겠다고 약속해서 먼저 나가 기다렸다네. 커다란 밤나무 아래 테라스에 서서 아름다운 계곡과 잔잔한 강물 너머로 기우는 해를 마지막으로 바라보았어. 수많은 날 로테와 그곳에 서서 똑같은 절경을 바라보았다네. 나는 내게 그토록 소중했던 가로수 길을 따라 서성였다네. 로테를 알기 전부터 알 수 없는 연민의 감정이 나를 그곳에 붙잡아두었던 것 같아. 처음 만났을 때 둘 다 이곳을 좋아하고 있었다는 사실을 알고 얼마나 기뻤는지. 예술의 경지에 이른 장소 중에서도 가장 낭만적인 곳이라네.

우선 이곳에서는 밤나무들 사이로 멀리까지 내다볼 수가 있어. 아, 이건 내가 벌써 자네에게 많이 얘기했던 것 같군. 키 큰 밤나무가 촘촘히 에워싸고 있으며, 빽빽한 작은 숲이 그늘을 드리우는 가로수 길을 지나면 고독의 전율이 감도는 작은 뜰에 이른다고 말일세. 어느 한낮에 처음으로 그곳에 들어갔을 때의 은밀한 기분은 아직도 생생하다네. 그때 희미하게나마 그곳이 환희와 고통의 무대가 될 것임을 느꼈던 듯싶네.

한 20분 정도 이별과 재회의 절박함과 달콤함을 음미하고 있으려니, 두 사람이 테라스로 올라오는 소리가 들렸네. 나는 달려가 그들을 맞이하고, 한 줄기 전율을 느끼며 로테의 손을 잡고 키스했어. 다시 테라스로 올라왔을 때 관목으로 덮인 언덕 너머로 달이 떠올랐네. 이런저런 이야기를 나누다 보니 어느새 정자에 이르렀어. 로테가 들어가 앉고 알베르트가 그녀 옆에 앉은 다음 나도 자리를 잡고 앉았지. 그렇지만 어수선한 마음이 나를 오래 앉아 있게 두지 않았다네. 나는 일어나서 로테에게 다가갔다가 이리저리 서성이다가 다시 자리에 앉았어. 마음이 불안한 상태였네. 로테가, 높이 늘어선 너도밤나무의 길 끝에서 비추는 달빛이 테라스를 환히 비추어 분위기가 좋다고 말했지. 어둠이 내려앉아 우리를 감싸고 있어서 더 감동적이었던 것 같았네. 한동안 조용하다가 로테가 말을 시작했어.

"달빛 아래 걷다 보면 항상 세상을 떠난 소중한 사람들을 떠올리게 되고, 죽음에 대해 생각하게 돼요. 우리에게도 언젠가는 그 순간이 오겠지요!"

로테는 감정에 겨운 음성으로 말을 이었네.

"베르테르, 다음 세상에서도 우리가 다시 만나게 될까요? 서로를 알아볼까요? 어떨 것 같아요? 당신은 어떻게 생각하세요?"

나는 로테의 손을 잡고 눈물이 그렁한 채 말했네.

"로테, 우리는 다시 만날 겁니다! 여기서든, 거기서든 우리는 다시 보게 될 거예요!"

그리고 더는 말을 이을 수가 없었네. 빌헬름, 로테는 왜 하필 내 마음이 온통 이별의 슬픔으로 가득할 때 그런 걸 물었을까! 그러자 그녀가 다시 말했네.

"떠나간 사람들이 우리의 소식을 알고 있을까요? 우리가 잘 지내고 있으며 사랑이 가득한 마음으로 그들을 생각한다는 걸 느낄 수 있을까요? 아! 조용한 저녁, 동생들이 예전에 어머니를 에워싸고 있었던 것처럼 저를 에워싸고 있으면 어머니의 모습이 머릿속에 맴돈답니다. 그럴 때면 어머니가 너무 그리워 눈물 고인 눈으로 하늘을 바라보며 잠시라도 우리를 내려다보시기를 간절히 소원하지요. 제가 어머니와 약속했던 대로 동생들의 어머니가 되어 사는 모습을 보셨으면 좋겠어요. 감정이 복받칠 때는 이렇게 외치기도 한답니다. '사랑하는 어머니, 어머니가 하셨던 만큼 동생들을 사랑해주지 못해 죄송해요. 하지만 저로서는 최선을 다하고 있답니다. 입히고 먹이고, 보살피고 사랑했어요. 우리가 얼마나 화목하게 지내는지 보실 수 있다면, 아마 어머니는 가장 뜨거운 감사 기도를 올리며 하느님을 찬미하셨을 겁니다. 임종의 순간에도 비통한 눈물을 흘리시며 자식들을 보살펴달라고 기도하셨던 어머니!' 라고 말이에요."

로테가 이렇게 말했다네! 오, 빌헬름, 또 누가 이런 말을 할 수 있겠나! 어떻게 차갑고 생명 없는 편지가 이렇게 천사 같은 영혼의 만개를 전할 수 있겠나! 알베르트가 다정한 어투로 로테의 말을 가로막았네.

"로테, 그런 생각은 당신을 너무 힘들게 하는 것 같구려! 당신이 그런 생각에 자주 빠져드는 건 알지만, 제발 부탁이오."

"오, 알베르트, 아버지가 여행 중이실 때 동생들을 재우고 우리 함께 둥근 탁자에 앉아 있던 때를 기억하실 거예요. 당신은 좋은 책을 들고 있을 때가 많았지만 그걸 읽은 적은 별로 없죠. 어머니와 함께 있는 시간을 음미하는 게 무엇보다 중요했기 때문이 아닌가요? 아름답고 온화하며 상냥하셨던 어머니! 어머니는 항상 바쁘셨어요. 저는 지금도 잠자리에 들 때면 침대에 엎드려 눈물을 흘리며 하느님께 기도한답니다. 저를 어머니 같은 사람이 되게 해 달라고요."

"로테!"

나는 로테 앞에 무릎을 꿇고 그녀의 손을 잡았어. 그리고 눈물로 그녀의 손을 적시며 말했어.

"로테! 하느님께서 당신을 축복해주실 거예요. 그리고 당신 어머니의 영혼도!"

그러자 로테가 내 손을 잡으며 말했어.

"당신이 어머니를 만났더라면 얼마나 좋았을까요. 당신의 지인이 될 만한 사람이셨어요!"

나는 그 말에 정신이 아찔해졌다네. 그보다 더 나를 자랑스럽게 여기는 말은 들어본 적이 없었거든. 그리고 로테가 말을 이었네.

"어머니는 한창나이에 세상을 떠나셨어요. 막내아들을 낳고 6개월도 안 되었을 때였죠! 오래 앓지도 않으셨고요. 병으로 인한 고통보다는 자식들 생각에 늘 마음 아파하셨죠. 특히 막내 걱정 때문에요. 임종이 가까웠을 때 제게 말씀하셨어요. '동생들을 데려오너라.' 저는 아무것도 모르는 어린 동생들과 어쩔 줄 몰라 하는 큰 동생들을 데리고 들어갔어요. 모두 침대 주위에 모이자, 어머니는 손을 들어 동생들을 위한 기도를 바치시고 한 명씩 키스해 주셨어요. 그런 다음 동생들을 내보내고 제게 말씀하셨죠. '저 애들의 어머니가 돼주어라!' 저는 그러겠다고 어머니께 맹세했어요. 그러자 어머니가 말씀하셨어요. '그건 정말 어렵고 대단한 약속이란다. 어머니의 가슴과 어머니의 눈. 네가 종종 감사의 눈물을 흘리는 걸 보고 그것이 무엇을 의미하는지 알고 있을 거라 짐작했다. 그런 가슴과 눈을 네 동생들에게 주어라. 또 아버지에게 순종하고 잘 모셔라. 네가 아버지에게 위안이 될 거야.' 그런 다음 어머니는 아버지를 모셔 오라고 하셨어요. 우리에게 슬퍼하는 모습을 보이고 싶지 않아서 나가셨거든요. 거의 정신을 못 차리실 정도였으니까요. 알베르트, 당신도 방에 있었어요. 발소리를 들은 어머니가 당신을 가까이 오라고 하시더니, 편안하고 차분하게 당신과 나를 바라보셨죠. 우리가 행복하게 지내고 있으며 앞으로도 그럴 거라는 걸 아신 것 같아요."

그러자 알베르트가 로테의 목에 팔을 두르고는 키스를 하며 외쳤다네.

"우리는 행복해요! 앞으로도 행복할 거요!"

평소에 차분하던 알베르트가 그 순간엔 좀 흥분한 것 같았고, 나는 더 이상 정신을 차릴 수 없었다네.

"베르테르."

로테가 다시 말을 이었네.

"그런 분이 세상을 떠나신 거예요! 하느님! 우리가 가장 소중히 여기는 걸 잃기도 하는 게 인생임을 생각할 때, 부모 잃은 자식이야말로 그걸 누구보다 뼈저리게 느낄 거예요. 동생들은 검은 옷을 입은 남자가 엄마를 데려갔다며 엉엉 울었거든요."

로테는 자리에서 일어났고, 나는 흥분과 전율을 느끼며 자리에 앉은 채 그녀의 손을 잡았네.

"이제 가야겠어요. 늦었네요."

로테가 이렇게 말하며 손을 빼려 했지만, 나는 그 손을 더 꼭 잡았네.

"우린 꼭 다시 만날 거요. 서로를 찾을 것이고, 어떤 모습이어도 서로를 알아볼 거예요."

내가 다시 다급하게 외쳤어.

"나는 떠날 거예요. 기꺼이 떠납니다. 그렇지만 영원히 떠난다고 말하고 나면 견딜 수 없을 것 같군요. 잘 있어요, 로테! 잘 있게, 알베르트! 다시 만날 거예요."

"내일 볼 것 같은데요."

로테가 농담조로 말을 받더군. 그 '내일'이라는 말이 내 가슴을 스쳤네. 아, 그녀는 내 손에 잡힌 자기 손을 빼면서도 몰랐다네. 두 사람은 가로수 길을 따라 걸어갔고, 나는 그 자리에 서서 달빛에 멀어지는 두 사람의 뒷모습을 바라보았어. 그러다가 땅바닥에 쓰러져 울고 또 울었네. 잠시 후 테라스로 달려가니 커다란 보리수 그늘 아래로 정원 문을 지나는 그녀의 흰 드레스가 어른거렸어. 그리고 내가 두 팔을 뻗는 순간 사라졌다네.

2부

1771년 10월 20일

우리는 어제 도착했네. 공사는 몸이 안 좋아서 며칠 관사에서
만 지내게 될 것 같아. 그가 아주 별난 성격만 아니라면 모든 게
순조로울 것 같네. 그래, 나도 알고 있네. 운명이 나를 위해 고난도
의 시험 과정을 준비해놓았다는 거 아닌가. 하지만 낙담하지 말고
좋은 기분으로 지내세! 마음을 가볍게 가지면 어떤 어려움도 견뎌
낼 수 있어! 가벼운 마음이라고? 이런 말이 내 펜 끝에서 흘러나
오다니 웃음이 나오는군. 아, 조금만 더 가벼웠다가는 태양 아래
나보다 더 행복한 자는 없다는 말이 나오겠어. 이게 뭐란 말인가!
다른 사람은 약간의 활력과 재능을 가지고도 내 앞에서 거드름을
피우며 기뻐하고 만족하는데, 나는 왜 이렇게 나의 활력과 재능을
의심하는 걸까? 나에게 이 모든 걸 주신 하느님이시여, 왜 이것들
은 반만 주시고 대신 자신감과 자족할 수 있는 마음을 주시지 않

았습니까?

하지만 견뎌야 하네! 견뎌야 해! 그러면 나아지겠지. 친구여, 자네가 옳았네. 사람들 사이에서 매일 이리저리 부대끼고 그들이 살아가는 방식을 살펴보면서, 나 자신을 훨씬 더 긍정적인 시각으로 보게 되었다네. 우리는 매사를 우리 자신과 비교하고, 우리 자신을 매사에 비교하도록 만들어졌기 때문에, 우리의 행복이나 불행도 우리가 연관 짓고 있는 대상에 달렸다네. 그래서 홀로 고독하게 지내는 것보다 위험한 건 없어. 우리의 상상력은 스스로 높이려는 본성에 의해 부추겨지고 시적인 이미지에 고무되기 때문에, 그렇게 창조된 존재와 비교할 때 자기의 실체는 가장 못난 존재로 여겨질 수밖에 없다네. 반면에 외부의 모든 건 더 화려하고, 성공적인 삶처럼 보이는 경향이 있어. 그런 일은 아주 자연스러운 현상이지. 우리는 너무 자주 부족함을 느끼고, 그 부족한 것을 다른 사람은 가진 듯이 보이는 거야. 그러다 보면 자기가 가진 것들까지 그가 가지고 있다고 착각하면서 그의 삶을 이상화해서 생각하게 된다네. 우리는 그렇게 상상 속에서 모든 행운을 타고난 완벽한 한 사람을 만들어내는 거야.

반면에 결점과 역경을 안고 꾸준히 노력하다 보면, 조금 더디고 굴곡이 있을지라도 돛을 달고 노를 젓는 다른 사람보다 앞서는 경우도 종종 있다네. 이렇게 다른 사람과 보조를 맞추거나 앞서갈 때 진정한 자아의식을 갖게 되는 거라네.

11월 26일

그런대로 이곳이 편안해지기 시작했네. 바쁘게 지낼 수 있을 만큼 할 일이 충분히 많다는 거야. 그리고 다양한 사람, 온갖 새로운 인물이 내 영혼을 위해 다채로운 장면을 연출해준다는 거라네. C 백작을 만났어. 그는 볼수록 점점 더 존경하게 되는 사람이라네. 마음이 넓고 지성이 넘치면서도 냉정하지 않아. 그와 함께 지내다 보면 우정과 사랑을 나눌 넉넉한 마음을 가지고 있다는 걸 알게 된다네. 일 때문에 그를 찾아가 처음 만났을 때부터 내게 호감을 보여주었고, 몇 마디 나누고는 누구보다도 서로가 통한다는 걸 알았어. 그는 내가 자기 이야기를 다른 누구보다도 잘 이해한다고 생각하게 되었고, 나는 그가 나에게 보여주는 솔직함을 아무리 칭송해도 부족하다고 느낀다네. 한 사람이 다른 사람에게 자신의 고귀한 영혼을 열어 보이는 것 이상 진실하고 마음 따듯해지는 기쁨은 없을 걸세.

12월 24일

이미 짐작했던 일이기는 하지만 공사는 무척이나 신경에 거슬리는 사람이라네. 세상에 그보다 더 지독한 바보는 없을 거야. 매사에 까탈스럽기가 노처녀 히스테리는 저리 가라네. 자기 자신에게도 만족할 줄을 모르고, 그러다 보니 누구도 그를 흡족히 해주는 게 불가능하다네. 나는 일을 빨리 처리하는 편이고, 결과가 어떻든 그대로 두는 걸 선호하는데, 그는 늘 내가 작성한 문서를 돌려주면서 "좋아, 잘했네. 그렇지만 다시 한번 검토해보게. 그러면 더 나은 단어, 더 좋은 표현을 찾을 수 있을 걸세" 하고 말한다네. 그러면 나는 화가 치미는 거야. 나는 처음 문서를 작성할 때부터 '그리고' 같은 접속사처럼 미미한 단어 하나도 빼거나 더할 필요가 없도록 한다네. 그렇지만 가끔은 의도치 않게 어순이 바뀌거나 하는 경우가 있는데, 공사는 그런 걸 절대로 그냥 넘어가는 법이 없어. 문장이 아무리 복잡해지더라도 전형적인 문장 형식을 그대로 따라가지 않으면, 그는 문장의 내용을 전혀 이해하지 못하는 것 같아. 그런 사람 밑에서 일을 한다는 건 정말 고역이라네.

이러한 고충을 보상해주는 건 C 백작이 나를 신임하고 있다는 사실이라네. 며칠 전에 C 백작은 공사가 일을 너무 더디게 하는 데다 지나치게 까탈스럽다면서 내게 아주 솔직히 털어놓았어. 그런 사람은 자기 자신뿐 아니라 다른 사람의 삶까지 어렵게 만든다면서 말이야. 그리도 또 이렇게 말하더군.

"우리는 그저 산을 넘는 여행자처럼, 그러려니 하고 넘겨야 하네. 물론 산이 거기 없다면 여행길이 훨씬 쉽고 짧아지겠지만, 어차피 산이 거기 있을 바에야 넘어갈 수밖에 없지 않겠나!"

공사도 백작이 자기보다 나를 더 좋아한다는 걸 아는 거 같아. 그래서 그러는지, 기회가 있을 때마다 내게 백작에 대해 안 좋은 이야기를 한다네. 나는 물론 그의 말에 반박하고. 그러다 보면 상황은 더 안 좋아지는 거지. 어제는 나에게까지 은근히 비방이 될 말을 하는 바람에 정말 화기 많이 났었어. "백작은 세상의 이치를 잘 알고 처세도 유연하며, 글도 잘 쓰지만, 어설픈 문학 애호가들이 그렇듯 깊이 있는 지식은 부족해"라고 하는 게 아닌가. 그러면서 '너도 찔리지?' 하는 표정을 짓는 거야. 그렇지만 그의 의도대로 되지는 않았다네. 나는 그런 식의 사고와 태도를 경멸하거든. 그래서 소신껏 맹렬하게 반박했지. 백작 같은 분은 인품으로 보나, 식견으로 보나 존경받아 마땅하다고 말해줬어. 그분처럼 폭넓은 정신세계를 가지고 다양한 분야의 지식을 갖추고도 평범하고 소박한 일상을 균형 있게 영위하는 사람은 본 적이 없다고 쏘아줬어. 명석하지 못한 그에게는 그리스어만큼이나 생소하게 들렸겠지만, 그러거나 말거나 나는 말을 끝내자마자 자리를 피했다네. 더 이상 그 답답한 인간을 마주하고 싶지 않았거든.

이게 모두 자네들 때문이야. 나에게 이런 굴레를 쓰게 하고, 활동해야 한다며 부추겼으니 말일세. 활동이라고 했나! 감자 심고, 시내에 가서 농작물을 파는 농군도 나보다 더 많이 일하지는 않을 걸세. 앞으로도 10년은 이 노예선에서 족쇄를 찬 채 일해야겠지.

이렇게 싫은 사람과 바싹 붙어서 지루함을 견뎌야 하니, 이보다 더 완벽한 불행이 어디 있겠나! 그들의 출세를 위한 갈망, 다른 사람보다 한 치의 이득이라도 더 차지하려고 신경을 곤두세우는 모습, 비참하고 가련한 욕망이 적나라하게 드러나는 모습을 지켜보면서 말일세. 여기서 만난 한 여자를 예로 들겠네. 그 여자는 자신의 귀족 신분과 영지에 관해 사방에 떠벌리고 다닌다네. 어찌나 자랑을 늘어놓는지 그녀를 처음 보는 사람도 어리석은 여자라 생각할 정도라네. 어설픈 귀족 신분과 영지를 그렇게나 중요하게 생각하느냐며 말이야. 그런데 더 딱한 노릇은 그 여자가 이 동네 출신이라는 거야. 지방 법원 서기의 딸이라네. 무슨 말인지 알겠나? 어떻게 그토록 지각없는 행동으로 자신을 한심하게 만드는지, 그런 부류의 사람은 도무지 이해할 수가 없어.

물론 나를 기준으로 삼아 다른 사람을 비판한다는 것이 얼마나 어리석은 일인지 날이 갈수록 점점 더 절실하게 깨닫고 있다네. 게다가 요즘엔 내 사정만으로도 머릿속이 복잡하고 어수선해서 다른 사람의 일까지 신경 쓸 여력이 없다네. 그들이 굳이 내 일에 간섭만 하지 않는다면 상관하지 않는 편이야.

그런데도 제일 내 신경에 거슬리는 것은 계층적인 분위기라네. 물론 나도 계층의 구분이 필요하다는 건 충분히 이해하고 나 역시 신분의 혜택을 받고 살지만, 그 때문에 내가 세상에서 아직 누릴 기쁨이나 한 줄기 행복을 방해받고 싶지는 않다는 말일세. 최근에 산책하다가 B 양을 만났다네. 각박한 삶 속에서도 편안하고 순박한 모습을 잃지 않는 사랑스러운 여성이더군. 함께 즐거운 대화를 나누고 헤어질 때 내가 혹시 찾아가도 되겠는지 묻자 기꺼이 허락했다네. 그래서 오래 기다리지 않고 바로 틈을 내서 찾아갔지. 그녀는 이 지방 출신이 아니었으므로 고모 집에서 지내고 있었는데, 그 고모라는 어른의 표정이 썩 맘에 들지 않더군. 그래서 더욱 그 어른에게 신경을 쓰면서 되도록 모든 대화를 그녀에게 향하도록 끌어갔다네. 그리고 30분도 안 되어서 대략 그녀의 상황을 파악할 수 있었어. B 양이 나중에 직접 얘기해주기도 했지만, 연로한 그녀의 고모는 여러 가지로 가진 게 너무 없었어. 안정적인 수입도 없고, 지식을 갖추지도 못했고, 조상들 말고는 의지할 데도 없었으며, 그녀가 유일한 방패막이로 삼고 있는 사회적 신분 외에는 아무런 보호막이 없었어. 그러니 삶의 낙이라고는 타고난 귀족 신분에서 서민들을 내려다보며 무시하는 일밖에 없었던 거야. 젊은 시절에는 아름다웠겠으나 변덕스러운 성격으로 수많은 가난한 사람을 괴롭히며 인생을 낭비했고, 나이가 좀 들어서는 나이 많은 장교를 만나 그의 비위를 맞추며 살았다고 하네. 늙은 장교는 그대로 꽤 많은 수입을 그녀와의 생활비로 쓰면서 살다가 죽었고. 이제 노년을 맞은 여인은 고독한 신세가 된 거지. 그나마 조카가 그렇게 온화하고 호의적인 사람이 아니었다면 그 늙은 여인은 아무도 거들떠보지 않았을 걸세.

1772년 1월 8일

오로지 격식에만 매달리고, 매년 한자리라도 올라가기 위해 전전긍긍하는 이들은 도대체 어떤 인간이란 말인가! 그렇다고 이들에게 다른 할 일이 없는 것도 아니라네. 아니, 오히려 사소한 일에 신경 쓰느라고 정작 중요한 볼일은 해결하지 못하고 살지. 지난주에는 썰매를 타러 갔다가 싸움이 나는 바람에 즐거울 수 있는 하루가 엉망이 돼버렸어.

중요한 건 지위가 아니며, 제일 높은 자리에 있는 사람이 제일 중요한 역할을 하는 것도 아니라는 걸 모르는 어리석은 인간들! 얼마나 많은 왕이 총리의 지배를 받고, 얼마나 많은 장관이 보좌관의 지배를 받았던가! 그렇다면 누가 제1인자인가? 아마도 다른 사람의 생각을 꿰뚫어 보고 그들의 힘과 열정을 자기가 계획한 대로 유용할 줄 아는 능력이나 지혜를 가진 사람일 걸세.

1월 20일

사랑하는 로테, 거센 눈보라를 피해 들어오게 된 소박한 농가의 다락방에서 당신에게 편지를 씁니다. 황량한 D시에서 너무도 낯설게 느껴지는 사람들과 지낼 때는 당신에게 편지 쓰고 싶은 마음이 들지 않았는데, 눈보라와 우박이 창문을 두드리는 이 작은 오두막 안에 고독하게 갇혀 있으려니 제일 먼저 당신 생각이 떠오르더군요. 이곳에 들어오는 순간부터 당신의 모습, 당신의 기억이 머릿속에 가득 차올랐습니다. 로테! 너무도 신성한 따사로움! 오! 당신을 처음 만나던 순간 행복했던 기억이 다시 떠오르는군요.

사랑하는 이여, 정신을 산란하게 하는 지금 나의 상황을 당신이 본다면! 나의 감성이 얼마나 메말랐는지를 당신이 본다면! 한 순간의 충만함, 한 시간의 행복도 없는 일상! 아무것도 없는 삶! 아무것도 없이 텅 빈 삶이랍니다! 마치 내가 요지경 상자 앞에 서서 조그만 사람과 말들이 뛰어다니는 모습을 지켜보는 것 같아서, 종종 환각 현상이 아닌지 스스로 묻곤 하지요. 나도 그 놀이에 동참하는데, 아니, 그보다는 목각인형처럼 주어진 역할에 따라 움직이는데, 이따금 나무처럼 건조한 이웃의 손을 잡았다가 몸서리치며 물러서기도 합니다. 밤에는 해 뜨는 걸 보리라 결심하지만, 막상 아침이 오면 침대에서 일어나지 않으며, 낮에는 달빛을 감상하리라 생각하지만, 밤에 되면 방에서 나가지 않습니다. 왜 일어나야 하는지, 왜 자야 하는지 모르는 채 사는 거지요.

내 삶을 굴러가게 하던 추진력을 잃어버렸으며, 깊은 밤중에 나의 영혼을 고무하고 아침이 오면 나를 깨우던 마법이 사라졌습니다.

이곳에서 B 양이라고 하는 한 여성을 만났습니다. 그녀는 당신을 닮은 데가 있어요, 로테. 누가 당신과 같을 수 있겠느냐마는, 그래도 닮은 사람을 찾는다면 말입니다. 당신은 "어머나! 칭찬하는 데 아주 능해지셨네요!"라고 말하겠지요. 그런 면도 없지는 않습니다. 얼마 전부터 나는 상당히 정중하고 기지 넘치는 사람으로 행세해왔습니다. 달리 처세할 방법이 없으니까요. 그러다 보니, 여자들로부터 칭찬을 나만큼 우아하게 하는 사람은 없을 거라는 말을 듣는답니다. (그러면서 덧붙이기를, 사실은 우아한 거짓말이라고요. 거짓말을 하지 않고는 칭찬할 수 없잖아요. 당신도 그렇게 생각하지 않나요?) B 양 이야기를 하려던 참이었지요. 그녀는 훌륭한 품성을 가졌는데, 그녀의 푸른 눈을 보아도 그걸 알 수 있습니다. 귀족 신분은 그녀에게 짐이 될 뿐, 그녀가 진심으로 원하는 걸 충족해주지 못하는 것 같고요. 그녀는 늘 번잡한 일상에서 벗어나고 싶어 합니다. 그렇다 보니 우리는 함께 조용한 시골에서 순수한 즐거움을 누리는 상상을 하며 몇 시간씩 보내기도 합니다. 그리고 당신에 관해 이야기하지요! 그녀가 얼마나 자주 당신을 칭송하는지 몰라요. 억지로 하는 것이 아니라, 마음에서 우러나서 하는 거지요. 그리고 내가 당신에 관해 이야기하는 걸 즐겨 듣습니다. 당신을 좋아하고요. 아, 아늑한 방에서 당신 발치에 앉아 있을 수 있다면 얼마나 좋을까요. 당신의 소중한 동생들이 우리를 둘러싸고 있을 테지요. 동생들이 너무 소란을 피워 당신이 힘들어한다면, 나는 그들을 내 앞에 불러 앉혀놓고 등골이 오싹한 동화를 들려줄 겁니다.

하얀 눈이 반짝이는 전원에 해가 집니다. 눈보라는 지나갔어요. 나는 다시 나의 철장으로 돌아가야 합니다. 잘 있어요! 알베르트와 함께 있나요? 당신은 어떻게……? 하느님, 이렇게 묻는 저를 용서하소서!

2월 8일

지난주는 내내 날씨가 궂었다네. 하지만 나에겐 오히려 잘된 일이었어. 그동안 하늘이 청명한 날치고 누군가가 나를 불쾌하게 해서 하루를 망치지 않은 날이 없었거든. 비가 많이 오거나 바람이 불거나 춥고 질척한 날이면, '아! 밖에 나가는 거나 집에 있는 거나 다를 바가 없겠구나'라고 생각한다네. 아니면 밖에 나가는 게 집에 있는 것보다 못하겠다고 생각하든지. 그러면 하루를 무사히 지내게 되는 거지. 아침 해가 밝게 비치면서 화창한 하루를 약속하는 날이면 나는 이렇게 외치고 싶어. '또 하루를 하늘에서 선물로 내리셨구나! 그리고 저들은 서로의 이 선물 같은 하루를 망치고 빼앗겠구나!' 하고. 저들은 서로의 모든 걸 빼앗거나 망쳐놓는다네. 건강, 평판, 기쁨, 휴식! 대개는 어리석음과 이해의 부족, 편협한 마음 때문이지. 그러면서도 항상 좋은 뜻으로 그러는 거라고 말하는 거야. 어떨 때는 그들 앞에 무릎이라도 꿇고, 제발 자신을 망가뜨리지 말라고 사정이라도 하고 싶다네.

2월 17일

공사와 나는 앞으로 오래 함께 일하기는 힘들 거 같아. 도저히 참아줄 수 없는 사람이야. 일하는 방식이나 업무를 처리하는 방식이 너무 이상해서 이의를 제기하지 않을 수 없고, 나도 내 판단과 방식에 따라 하지 않을 수 없는데, 그는 또 그런 걸 받아들이지 못한다네. 최근에는 그런 이유로 그가 법원에서 나에 대한 불만을 이야기했고, 그 일로 나는 장관께 질책을 받았어. 물론 부드럽게 말씀하셨지만, 그래도 질책은 질책이 아닌가. 그래서 퇴직을 고려하던 중에 그분에게 친서를 받았네(그 훌륭하신 분을 존중하는 마음으로 이 서신과 아래에 언급되는 또 하나의 서신은 이 책에 수록하지 않기로 했습니다. 독자가 아무리 선의로 해석한다고 해도, 그런 무분별한 행동은 용인될 수 없다고 생각했기 때문입니다 – 편자주). 그 편지를 읽고 나는 고매하고 현명한 그분을 향해 머리 숙여 존경을 표하지 않을 수 없었다네. 그분은 나의 과민한 성격을 나무라시는 한편, 효율성이나 다른 사람에게 미치는 영향을 중요하게 생각하고 업무를 완벽하게 해내려는 내 욕심은 젊은이다운 높은 기상으로 이해해주셨어. 그리고 그 기상은 좋은 것이니 근절하기보다는 약간 완화해서 좋은 방향으로 활용하는 것이 좋겠다고 하셨네. 그 덕분에 나는 8일 만에 원기를 회복하고 다시 예전의 나로 돌아올 수 있었어. 정신의 평온함이 이렇게 중요하고 그 자체로 기쁨이 된다는 게 놀라워! 친구여, 다만 그 보석 같은 평온이 아름답고 고귀한 만큼 깨지기도 쉽다는 게 아쉬울 뿐이네.

2월 20일

하느님께서 사랑하는 모든 이를 축복하시고, 내게 허락하지 않은 좋은 날들을 그들에게 주시길.

알베르트, 내가 모르고 지나가게 해주어서 고맙네. 당신과 로테의 결혼 날짜가 언제일지 궁금해하면서, 그날이 오면 벽에 걸어둔 로테의 실루엣을 엄숙히 내려서 서류 더미 밑에 넣어두리라 생각하고 있었는데, 그동안 두 사람이 결혼했다는 데도 그녀의 그림은 여기 여전히 걸려 있다네! 이왕 이렇게 된 거 그림을 그대로 두어도 되지 않을까 생각하네. 안 될 것도 없지 않은가? 어차피 내가 두 사람을 다 알고, 자네에게 해가 되지 않는 한도 내에서 나도 로테의 마음에 한 자리를 차지하고 있으니 말일세. 물론 두 번째 자리겠지만, 난 그 정도로 만족하네. 당연히 그래야 하고. 아! 하지만 그녀가 나를 잊는다면 나는 미쳐버리고 말 걸세. 그건 생각만으로도 지옥이야. 잘 지내게, 알베르트! 하늘에서 내려온 천사! 로테, 안녕히!

3월 15일

너무 화나는 일이 있어서 이곳을 떠날지도 모르겠네. 아주 이가 갈리는 일이야! 불쾌한 기분을 떨쳐버릴 수가 없네. 이게 모두 자네 때문이야. 자네가 나를 닦달하고 밀어붙여서 원하지도 않는 자리에 앉게 하지 않았나. 나는 이제 내 몫을 충분히 했어! 자네도 그렇고! 그러니 자네도 이제 내가 너무 이상을 높게 가져서 모든 걸 망친다고 말하지 않겠지. 이제부터 모든 걸 있는 그대로 꾸밈없이, 마치 역사가가 역사를 기록하듯이 얘기해보겠네.

C 백작이 나를 좋아하고 신임하는 것은 모두가 아는 사실이라네. 자네에게도 여러 번 말했을 거야. 어제는 그의 집에 저녁 초대를 받았었네. 그런데 하필 같은 날, 다른 귀부인들과 신사들도 그곳에 모인 거야. 나는 그런 사람들을 백작의 집에서 만나거나, 우리 같은 하급 관리가 함께 어울리게 되리라고는 생각지도 못했다네. 아무튼 나는 백작과 함께 식사했고, 식사 후에는 대연회실에서 이리저리 거닐며 이야기를 나눴어. C 백작과 이야기를 나누는데 B 대령이 합류했고, 셋이 이야기를 나누는 동안 연회 시간이 되었다네. 나는 정말 아무 생각이 없었어. 바로 그때 대단히 우아한 귀부인 S가 남편과 잘 부화한 새끼 거위 같은 딸을 대동하고 들어왔다네. 가슴이 납작한 그 딸은 몸통 부분에 예쁜 드레스로 장식한 드레스를 입고 있었는데, 지나가면서 명문 귀족 티를 내느라 그러는지 거만한 눈짓에 일부러 콧구멍에까지 힘을 주고 있는 것 같았다네. 나는 그런 부류의 사람들을 보면 뼛속까지 거부감이 들어서 당장 자리를 뜨고 싶어졌네. 백작이 극성스러운 수다에서 벗어나기를 기다리고 있는데 B 양이 들어오더군. 그녀를 보면 언제나 반갑고 살짝 설레기도 해서 나는 잠시 더 머물기로 하고 그녀의 의자 뒤로 가서 섰네. 그런데 오래지 않아 나는 B 양이 다른 때만큼 편안하게 대화에 임하지 못한다는 걸 느낄 수 있었어. 왠지 좀 당황하고 있는 것 같았다네. 그 모습에 나는 충격을 받았지. B 양도 결국 이들과 같은 부류인 건가? 그런 생각이 들자, 기

분이 상하면서 자리를 뜨고 싶었지만 조금 더 있어보기로 했네. 뭔가 오해가 있을 수도 있고, 그렇다면 기꺼이 B 양의 사정을 이해 해주고 싶었거든. 그리고 아직은 그녀의 따뜻한 말 한마디를 들을 수 있으리라는 기대를 저버리고 싶지 않았다네. 그러는 동안 손 님들이 연회장을 메웠어. 프란시스 1세의 대관식 때나 입었을 법 한 의상을 입은 F 남작, 굳이 여기서는 귀족 칭호인 '폰'으로 불리 고 싶어 하는 법정 고문관 R과 그의 귀머거리 아내, 그 외의 식솔 들. 그리고 낡아서 구멍 난 구식 의복을 최신식 헝겊으로 기워 입 고 온 초라한 행색의 J도 빼놓을 수 없을 것이네. 이런 사람이 둘 씩 셋씩 짝을 이뤄 들어오는 동안 평소 안면이 있는 몇 사람과 이 야기를 나눴어. 그런데 그들 역시 모두 퉁명스러운 거야. 그렇지만 나는 거의 B 양에게만 주의를 기울이고 있었기 때문에 방 저쪽 끝에 있는 여자들이 수군거리는 것도 눈치채지 못했다네. 그 수군 거림이 남자들 사이에 퍼지고, 결국 귀부인 S가 백작에게 이야기 할 때까지도 나는 전혀 몰랐다네(이 모든 걸 나중에 B 양이 내게 말해 주어서 알게 된 거지). 잠시 후 백작이 나를 창가 쪽으로 데리고 가더 니 말하더군.

"자네도 우리의 말도 안 되는 관습을 잘 알고 있을 걸세. 연회 에 참석한 사람들이 자네가 여기 있는 걸 달가워하지 않는 것 같 네. 나야 어떤 경우에도……."

"각하."

내가 백작의 말을 막았네.

"용서하십시오. 제가 좀 더 일찍 알아차렸어야 했는데, 부족한 저를 이해해주시리라 믿습니다. 진작 가려고 했는데 미련하게도 미적거리고 있었네요."

나는 미소를 지으며 이렇게 작별 인사를 했어. 그러자 백작이 내 손을 꼭 잡더군. 그 손에 그의 마음이 모두 전해졌다네. 나는 높으신 분들이 모인 자리에서 조용히 빠져나와 이륜마차를 타고 M 쪽으로 갔어. 언덕에서 석양을 바라보며 내가 좋아하는 호메로스를 읽었지. 오디세우스가 돼지지기의 환대를 받는 멋진 장면이었는데 모든 구절이 훌륭하고 마음에 들었다네.

저녁 식사 때 숙소로 돌아가니 바에 몇 사람이 남아 테이블 한쪽 끝에서 식탁보를 뒤집어놓고 주사위 놀이를 하고 있더군. 그때 정직한 아델린이 들어왔네. 그가 모자를 내려놓고 나를 보더니 다가와 조용히 묻는 거야.

"안 좋은 일이 있었다면서?"

"내가?"

"백작이 자네를 내쫓았다던데."

"빌어먹을 연회! 밖에 나와 신선한 공기를 마시니 오히려 좋았다네."

"자네가 그렇게 가볍게 생각하니 다행이네. 다만 그런 소문이 사방에 퍼졌으니 그게 불쾌하다는 거지."

그 말을 들으니 비로소 화가 치밀어 오르더군. 들어오는 사람마다 나를 쳐다보니까, '저 사람도 소문을 들어서 나를 보는 거로구나!' 하는 생각이 들면서 피가 끓어올랐다네.

오늘도 가는 곳마다 동정받는 것은 물론이고, 평소 나를 질투하던 사람들이 쾌재를 부른다는 말을 들어야 했다네. "도도하게 잘난 척하더니 꼴좋게 됐다. 지식 좀 있다고 지위나 관습을 무시하고 건방지게 굴더니, 그럴 줄 알았어"라고 한다는 거지. 그럴 때는 내 가슴에 칼을 꽂고 싶은 심정이라네. 아무리 남의 말에 흔들리지 않고 독자적으로 산다고 해도, 몹쓸 인간들이 남의 약점을 잡고 떠들어대는 소리를 들으며 아무렇지 않을 수 있는 사람이 어디 있겠나. 있으면 내 앞에 데려오게. 그들이 떠드는 소리가 무해한 헛소리라면 오히려 무시해버리기 쉬울 걸세.

3월 16일

모든 게 나를 얽어매는 것 같아. 오늘 가로수 길에서 B 양을 만났는데, 물어보지 않을 수가 없었네. 인적이 드문 곳에 이르렀을 때, 그녀의 최근 태도에 마음이 상했다는 걸 털어놓았어.

"어머나, 베르테르 씨."

그녀가 부드러운 음성으로 말했네.

"제가 당황해서 그랬던 건데, 제 마음을 잘 아는 선생님께서 어떻게 그렇게 생각하세요? 제가 그곳에 들어가면서부터 선생님 때문에 얼마나 힘들었는데요! 저는 모든 걸 예견하고 있었어요. 그래서 선생님께 몇 번이나 말씀드리려고 했답니다. S 부인과 T 부인, 그들의 남편이라는 사람들은 선생님과 같은 자리에 있느니 차라리 그곳을 떠나는 걸 택할 사람들이거든요. 게다가 백작님은 그들과의 관계를 망칠 수 있는 처지가 아니고요. 그러다 보니 그런 소동이!"

"왜 그래야만 하는 거죠?"

그 순간, 전날 저녁에 아델린이 했던 말이 떠오르면서 분노가 끓어올랐지만, 나는 애써 불쾌감을 감추고 물었네.

"저도 얼마나 힘들었는지 몰라요!"

상냥한 B 양이 눈물까지 글썽이며 말하는 걸 보고 있자니 나도 점점 감정을 자제하기가 힘들어져서 그녀의 발치에 쓰러질 지경이었다네.

"제발 자세히 말해줘요!"

그러자 그녀는 눈물을 줄줄 흘렸고, 나도 제정신이 아니었어. 그녀는 눈물을 감추려 하지도 않고 닦아가며 말했네.

"선생님도 저의 고모를 아시잖아요. 고모도 그곳에 있었기 때문에 다 보았는데, 아, 그때 고모의 표정이 어땠겠어요! 베르테르 씨, 저는 밤새도록 그리고 아침까지도 선생님과 사귀는 일에 대해 설교를 들어야 했답니다. 그리고 선생님을 깎아내리는 말을 들어야 했어요. 하지만 저는 제 마음에 준비된 것의 절반 밖에는 선생님을 변호하지 못했어요."

그녀의 말 한 마디 한 마디가 비수처럼 내 가슴에 꽂혔네. 그런 말들은 하지 않는 게 내게 자비를 베푸는 일이라는 걸 그녀는 몰랐던 거지. 그러더니 B 양은 어떤 소문이 퍼질 것이며 어떤 사람이 그러한 소문에 한껏 고소해할 거라는 말까지 덧붙이는 게 아닌가. 나의 도도함과 타인에 대한 가차 없는 비판을 못마땅해하던 사람들이 내가 응징당하는 모습을 보고 통쾌해할 것이라는 거지. 빌헬름, B 양의 연민 가득한 음성으로 그런 말을 들으려니 나는 분을 참을 수 없어 온몸이 떨렸다네. 차라리 누구든 대놓고 나를 비난하면 좋겠더군. 그러면 단검이라도 들고 달려들 게 아닌가. 치솟는 피를 보면 마음이 좀 가라앉을 거 같았어. 수백 번 칼을 잡고 답답한 가슴을 후련하게 뚫어주고 싶었다네. 혈통이 좋은 말들은 지나치게 몰아쳐서 흥분하게 되면 본능적으로 자기 혈관을 물어뜯어 숨통을 열어준다는 이야기를 들었네. 나도 종종 그러고 싶을 때가 있어. 나도 혈관을 열어 영원한 자유를 얻고 싶다네.

3월 24일

공사관에 퇴직 신청을 해놓아서 곧 승인이 날 것이네. 자네에게 미리 의논하지 않은 걸 용서하게. 나는 여길 떠날 수밖에 없고, 자네가 뭐라고 나를 설득할지는 이미 알고 있다네. 그러니 부디 우리 어머니에게 말 좀 잘해주게. 이제 나 하나도 먹여 살리기 힘든 처지가 되었으니, 어머니를 도와드리는 것도 힘들 듯해. 그 점을 어머니가 이해하셔야 해. 물론 마음 아파하시겠지. 좋은 직장을 잡아서 앞으로 추밀 고문관도 되고 공사도 되리라 기대하셨을 텐데, 이렇게 중도에 포기하게 되었으니 말일세. 어머니의 철없는 송아지는 다시 외양간으로 돌아가야지! 자네는 자네 나름대로 이 상황을 이해하고, 내가 계속 머무를 수 있는 방편이나 그래야 하는 이유를 생각하겠지만, 나는 이미 충분히 견뎠네. 이제 떠날 거야. 내가 어디로 가는지 궁금해할 테니 말해주겠네. 이곳에 계신 ○○○ 대공이 나와 시간 보내는 걸 좋아하신다네. 내가 퇴직하기로 했다는 말을 듣고, 자기 영지에 와서 아름다운 봄의 정취나 즐기라고 권하시더군. 얼마든지 내 마음대로 편히 지내도 좋다고 하시길래, 서로 어떤 사람인지 잘 알고 있는 터라, 믿는 마음으로 따라나서기로 했네.

4월 19일

두 통의 편지는 잘 받았네. 답장하지 않은 이유는 공사관을 떠나는 게 확실해질 때까지 쓰기를 미루다 보니 그렇게 되었다네. 혹시라도 어머니가 장관께 부탁하셔서 내가 계획대로 여기를 떠나는 게 어려워지지는 않을까 우려하는 마음도 있었고. 하지만 이제 모든 게 잘 마무리되어 나는 이곳에서 놓여나게 되었네. 사직서가 수리되기까지 얼마나 우여곡절이 많았으며, 장관께서 내게 어떤 편지를 보내셨는지는 말하지 않겠네. 그 이야기를 들으면 자네는 새삼 다시 애통해할 테니까. 왕세자께서는 눈물이 나올 만큼 감동적인 편지와 함께 작별 선물로 25두카트(제1차 세계대전 이전까지 유럽에서 사용된 금화 - 역자주)를 주셨네. 그러니 일전에 어머니에게 부탁한 돈은 안 보내셔도 될 것이네.

5월 5일

내일 이곳을 떠날 예정이네. 가는 길에 6마일만 우회하면 내가 태어난 고장이어서 한번 들러보려고 해. 행복한 꿈을 꾸던 시절의 기억을 되살리고 싶어서 말이야. 아버지 돌아가시고 어머니와 그 고장을 떠날 때 지나왔던 그 성문을 통해 들어가게 될 거야. 어머니는 그때 그 고장을 떠나 지금까지 정붙이기 힘든 고장에서 감옥살이하고 계시는 거지. 잘 있게. 가는 동안 소식 전하겠네.

5월 9일

순례자처럼 경건한 마음으로 고향에서의 추억 여행을 마쳤네. 그곳에 있는 동안 예상치 못했던 수많은 감정에 사로잡혔어. 시내에서 S로 가는 길에 마차로 15분 정도 거리에 있는 보리수나무 아래에서 내리고 마차는 먼저 보냈다네. 거기서부터는 새록새록 솟아나는 옛 추억을 더듬으며 길을 따라 걷고 싶어서 말이네. 그러고 나서 어린 시절 내 산책의 목적지이자 반환점이었던 그 보리수나무 아래에 한동안 서 있었다네. 모든 게 얼마나 달라졌는지! 아무것도 모르는 채 행복하기만 했던 그 시절에는 미지의 세계로 나가기를 꿈꾸었어. 바깥세상에서 발견하게 될 많은 것을 정신의 자양분으로 삼고, 충만한 기쁨으로 가슴을 채우기를 갈망하면서. 그리고 내가 꿈꾸던 그 위대한 세상에서 돌아온 지금, 얼마나 많은 희망이 산산이 깨지고, 얼마나 많은 계획이 수포가 되었는가! 수없이 그리워했던 그 산들이 눈앞에 솟아 있는 광경을 바라보았네. 그 시절 나는 정겨운 황혼빛에 물든 저 건너 숲과 골짜기에 마음을 빼앗긴 채 몇 시간이고 앉아 있을 수 있었다네. 귀가 시간이 다가오면 일어나기가 어찌나 아쉬웠는지! 시내에 가까워지면서 눈에 익은 정자들이 보여 반가웠다네. 하지만 새로 생긴 것들은 그곳의 다른 변화들이 그런 것처럼 썩 마음에 들지 않더군. 성문을 들어서자마자 옛날의 나를 온전히 찾은 느낌이었다네. 하지만 더 이상 자세하게 말하지는 않으려네. 나에게는 무척이나 감상적인 순간이었지만, 말로 하려다 보면 시시해질 테니까. 나의 옛집 바로 옆에 있는 시장 근처에 머물 생각이었네. 가는 길에 보니 어린 시절 성실한 노파가 우리를 모아놓고 가르쳤던 교실은 작은 잡화상으로 바뀌었더군. 그 좁은 교실에서 불안해하고 눈물 흘리고, 지루해하던 기억들이 떠올랐네. 한 발 한 발 옮길 때마다 감회가 새로웠다네. 성지를 순례하는 순례자도 그처럼 신앙적 감회가 가득한 곳을 다니며 성스러운 감동으로 영혼을 적시지는 못할 걸세. 천 가지 중 하나만 예로 들어보겠네. 샛강을 따라 어느 농장을 향해 걸어갔다네. 어린 시절 즐겨 산책하던 곳 중 하나이자 또래 친구들과 편편한 돌로 물수제비를 뜨던 곳이었다네. 때때로 물가에 서서 경이로운 신비감을 느끼며 물길을 따라 상상의 나래를 펴곤 했지. 물길이 닿은 곳마다 어떠한 모험이 펼쳐질지 상상해보았지만, 나의 상상력은 금세 바닥이 나고 말았다네. 그래도 상상 속에서 흐르는 강물을 따라가다 보면 어느새 보이지 않는 거리에 이르곤 했다네. 알겠나, 친구여? 옛날 사람들은 그렇게 단순하게 살아도 행복했다네! 그들의 감성과 시적인 감각은 어린아이처럼 순수했어! 오디세우스가 헤아릴 수 없는 바다와 무한한 대지에 관해 말할 때, 그의 이야기는 너무나 진실하고 인간적이어서 강렬하고 신비한 감흥을 불러일으켰다네. 지금 내가 어린 학생들과 입을 모아 지구가 둥글다고 외친다고 해서 그게 무슨 소용이 있겠나? 인간은 약간의 땅만 있으면 얼마든지 인생을 즐길 수 있으며, 그 아래 묻히는 데는 더 작은 땅으로도 충분하거늘. 나는 지금 대공의 사냥 별장에 있다네. 그분은 진지하면서도 단순 명료해서 함께 지내기가 아주 편안하다네. 하지만 주변에는 도저히 이해할 수 없는 괴팍한 사람들이 있어. 짓궂거나 심술궂은 건 아닌데 정직해 보이지 않아. 가끔 정직한 것처럼 보일 때조차 난 그들을 신뢰할 수가 없다네. 게다가 대공은 종종 어디서 읽었거나 누군가에게 들은 사실을 내게 말할 때가 있는데, 그럴 때 보면 전해준 사람의 관점을 여과 없이 받아들이고 있다는 걸 알 수 있다네. 그런 면이 좀 염려스러워.

대공은 나의 마음보다는 이성이나 능력을 훨씬 더 중요하게 생각한다네. 정작 내가 살아가는 힘과 존재의 근원이자 행복과 불행의 원천이며, 유일한 자부심의 근거는 내 마음인데 말일세. 아, 내 마음은 내 안에 있는데 누가 나 자신만큼 내 마음을 헤아리겠나.

5월 25일

그동안 계획하고 있으면서 실현될 때까지 기다리느라 자네에게 말하지 않은 게 있다네. 하지만 이제 실현될 가능성이 사라져서 그냥 말해주려네. 전쟁에 나갈 생각이었어. 꽤 오랫동안 생각해오던 일이었거든. 내가 ○○○에서 장군으로 복무하는 대공을 따라온 것도 그런 이유가 가장 컸다네. 그런데 함께 산책하는 중에 나의 의도를 털어놓았더니 대공이 만류하지 뭔가. 생각해보니 내 결심도 잠깐의 변덕에 불과했던 것 같아. 만약 진정한 열정이었다면 나를 만류하는 그의 이유를 듣지 않았을 테니 말일세.

6월 11일

자네가 뭐라고 하든, 이곳에 오래 머물지는 않을 것 같네. 여기서 내가 뭘 할 수 있겠나? 시간 가는 게 너무 지루하다네. 대공은 나에게 더 없이 호의적이지만 나는 마음이 편하지 않아. 근본적으로 우리는 통하는 데가 없다네. 그는 매우 이성적인 사람이지만, 그 이성이라는 것이 상식의 수준에서 벗어나지 못하기 때문에 그와의 친분이라는 건 잘 쓰인 책을 읽는 것과 다르지 않아. 일주일만 더 이곳에 머물고 다시 방랑의 길을 떠나려 하네. 이곳에 있는 동안 가장 큰 성과라면 그림을 그린 일이네. 대공은 미술에 관심도 있고 예술적 감각도 있는데, 몹쓸 형식주의와 관습적인 용어에 얽매이지 않았더라면 예술에 대한 조예가 훨씬 깊어졌을 것이네. 가끔 내가 상상력을 발휘해서 그를 자연과 예술의 세계로 인도할라치면, 그로서는 응대를 잘하려고 하는 것일 테지만, 갑자기 전문 용어를 들이붓는 통에 나는 이를 갈며 진저리를 치고 만다네.

6월 16일

그렇네. 나는 이 세상의 방랑자요 순례자일 뿐이라네! 그러면 자네들은 그 이상 뭐란 말인가?

6월 18일

어디로 갈 생각이냐고? 그건 내가 자신 있게 말해줄 수 있지. 이곳에 2주 정도 더 머물게 되었는데, 그다음에는 ○○○에 있는 광산을 둘러보려고 하네. 하지만 사실 광산이 중요한 건 아니야. 나는 단지 로테 가까이 있고 싶을 뿐이네. 이런 내 마음이 나도 한심하지만, 일단은 마음이 시키는 대로 하려 하네.

7월 29일

아니, 괜찮네! 다 괜찮아! 내가 그녀의 남편이라면, 오, 나를 지으신 하느님, 당신께서 제게 그런 축복을 내리셨다면, 저의 전 생애는 매일 끊이지 않고 이어지는 하나의 기도였을 겁니다. 그렇지만 불평하지는 않겠습니다. 이 눈물과 저의 헛된 욕망을 용서해주십시오! 아, 그녀가 나의 아내라면! 태양 아래 가장 아름다운 그녀를 내 품에 안을 수 있다면. 빌헬름, 알베르트가 그녀의 가녀린 허리에 팔을 두를 때면 나는 온몸에 전율이 흐른다네.

그런 말을 해도 되느냐고? 왜 안 되지, 빌헬름? 그녀는 알베르트보다 나와 함께 있을 때 더 행복하단 말일세! 그는 로테가 원하는 것들을 충족해줄 사람이 아니네. 감각적으로 무디고, 그 외에도 부족한 게 많아. 그 점에 대해서 자네는 자네 나름대로 생각하게나. 책을 읽다가 감동적인 부분에 이르렀을 때 나와 로테의 가슴은 일치하여 하나처럼 두근거리는데도 그는 공감하지 못한단 말일세. 종종 제삼자의 행동에 대한 느낌을 나눌 때도 마찬가지라네. 사랑하는 빌헬름! 하지만 알베르트도 온 마음으로 로테를 사랑한다네. 그런 사랑이라면 어떤 보답인들 못 받겠는가?

참을 수 없이 지루한 사람이 나를 방해하러 왔다네. 그새 눈물이 말라버렸네. 산만해져서 집중할 수가 없군. 잘 있게, 친구.

8월 4일

나한테만 이런 일이 일어나는 건 아닌 것 같아. 사람은 누구나 희망을 품었다가 실망하고, 기대했다가 속기도 하니까. 보리수나무 아래 사는 그 착한 여인을 찾아갔다네. 그녀의 큰아들이 나를 보더니 반가워 소리를 지르며 달려 나왔어. 그 소리를 듣고 착한 여인도 나왔는데 실의에 빠진 모습이었다네. 그녀가 나를 보자마자 말했어.

"선생님, 우리 한스가 죽었습니다. 우리 한스가 죽었어요!"

한스는 그녀의 막내아들이었지. 나는 아무 말도 하지 못했네.

"스위스에 갔던 남편은 빈손으로 돌아왔고요. 몇몇 착한 사람의 도움이 아니었더라면, 집에 돌아올 여비도 구걸해야 했을 거랍니다. 긴 여행에 열병까지 걸리고요."

아무 말도 못 하고 아이에게 약간의 돈을 주고 돌아서는데 그녀가 사과 몇 알을 싸주었네. 나는 사과를 받아 들고 슬픈 기억을 안겨준 그곳을 떠났어.

8월 21일

마음이 손바닥 뒤집듯이 변한다네. 때때로 생의 기쁨이 펼쳐지는 것 같은 순간이 있어, 아주 잠깐! 그럴 때는 꿈속에 빠져들어 상상의 나래를 편다네.

'만약 알베르트가 죽는다면?'

그럼 나는 어떻게 되지? 그녀는? 이런 생각을 하며 나락으로 빠져들다가 소스라쳐 몸을 떨며 물러선다네.

처음 로테를 무도회에 데려가기 위해 지나던 길을 따라 성문을 나서면, 모든 게 얼마나 변했는지! 모든 게 사라졌어! 예전의 모습은 흔적도 없고, 그때의 감성적 설렘도 느껴지지 않아. 마치 영화를 누리던 군주가 화려한 성을 짓고, 온갖 귀한 것과 희망까지 사랑하는 아들에게 물려주었다가 훗날 혼령이 되어 돌아왔는데, 남은 거라곤 불에 탄 성터밖에 없을 때의 느낌이라고나 할까.

9월 3일

내가 이렇게 그녀만을 강렬하게, 완전하게 사랑하며 그녀 외에 다른 무엇 하나 의식하지도, 생각하지도, 소유하지도 못하고 있는데, 어떻게 다른 사람이 그녀를 사랑하고, 사랑하도록 허락되는지 이해할 수가 없네!

9월 4일

그렇다네. 계절이 가을로 접어들면서 내 마음에도, 주변에도 가을이 오고 있어. 나의 잎새도 노랗게 변하고 주변의 나무들도 낙엽을 떨구고 있다네. 처음 이곳에 오고 얼마 안 되어 내가 과붓집에서 일하는 젊은 머슴 이야기를 하지 않았던가? 얼마 전에 발하임에서 그 청년에 관해 물었더니, 그 과붓집에서는 쫓겨났는데 그 후로 아무도 그에 대해 아는 게 없다는 거야. 그런데 어제 다른 마을 가는 길에 우연히 그 청년을 만났다네. 이런저런 이야기를 나누다가 청년이 자기 이야기를 들려주었는데, 그의 이야기를 들으며 몇 번이나 마음이 울컥했는지 모른다네. 내 이야기를 들으면 자네도 이해할 걸세. 하지만 그게 무슨 소용 있을 것이며, 충격적이고 끔찍한 이야기를 왜 굳이 자네에게까지 들려주어 마음 쓰이게 하겠나? 왜 언제나 자네에게 나를 동정하고 꾸짖을 기회를 주겠는가? 하지만 그 역시 나의 운명이라면 어쩔 수 없는 일이겠지! 처음에는 침울한 가운데 잔뜩 움츠리고 묻는 말에 대답만 하더니, 곧 자기 처지와 나라는 사람을 의식하게 되었는지, 마음을 열고 자기 과실을 털어놓으며 불우한 운명을 한탄했다네. 친구여, 그의 말을 하나도 빼놓지 않고 여기에 옮겨서 자네의 판단을 들어볼 수 있으면 얼마나 좋겠나! 그가 고백한 바에 따르면 여주인에 대한 그의 열정이 날이 갈수록 커져서 마음을 온통 빼앗겼다는 거야. 그때의 기억을 떠올리면서 얼마쯤 행복에 잠기는 듯한 표정이었다네. 그의 표현대로라면 어디로 머리를 두어야 할지 몰랐다는 거지. 먹을 수도, 잠을 잘 수도 없었으며, 뭔가 목구멍에 걸려 있는 느낌이었다네. 결국 주인이 시킨 일은 까맣게 잊어버리고, 하지 말아야 할 행동을 하는 지경까지 이르렀다는 거야. 마치 악마에게 쫓기는 기분으로 지내던 어느 날, 여주인이 2층에 있다는 걸 알고 그리로 올라갔다네. 아니, 뭔가에 이끌려 자기도 모르게 올라간 거라고 하더군. 그리고 그녀에게 사랑의 맹세를 했는데 거절하자, 완력으로 그녀를 차지하려고 했다네. 자기가 어떻게 그런 짓을 할 수 있었는지 모르겠다고 하더군. 하느님께 맹세코 여주인을 향한 자기 마음은 언제나 숭고한 사랑이었으며, 그녀와 결혼해서 평생을 함께하는 것 외에는 바라는 게 없었다는 거야. 한참 이야기를 이어가더니, 갑자기 머뭇거리더군. 마치 뭔가 할 얘기가 있는데 차마 입 밖으로 꺼내지 못하는 듯이 말일세. 그러다가 수줍게 이야기를 이어갔는데, 여주인이 그가 가까이 다가오도록 허락했으며, 친밀한 시간을 나누었다는 걸세. 그는 두세 번 이야기를 멈추고, 자기가 이런 이야기를 하는 것은 여주인을 헐뜯으려는 게 아니며 여전히 그녀는 사랑하고 존중한다고 강조했다네. 그러면서 누구에게도 그걸 말한 적이 없으며, 나한테 털어놓는 이유는 자기가 도덕적으로 타락한 인간이거나 정신병자가 아니라는 걸 말하고 싶어서라고 했네. 친구여, 나는 여기서 내가 늘 해왔으며, 앞으로도 하게 될 말을 다시 한번 되뇌지 않을 수 없다네. 그 청년을 자네 앞에 그대로 보여줄 수 있다면 얼마나 좋겠나! 그의 말을 하나도 빼놓지 않고 전해준다면, 자네도 내가 왜 이렇게 그의 말에 공감하는지, 그의 운명에 연민을 갖지 않을 수 없는지 이해할 걸세! 그렇지만 자네는 내 운명도 알고 나도 알지 않는가. 그러니 내가 왜 모든 불운한 사람에게, 그중에도 이 불행한 청년에게 끌리는지 이해하리라 믿네.

편지를 다시 읽어보고서야 자네에게 이야기의 결론을 말하지 않았다는 걸 알았네. 여주인은 젊은 머슴을 더 이상 받아주지 않았다네. 그런데 그 여주인의 남동생은 오랫동안 젊은 머슴을 미워해서 내쫓기길 바랐다는 거야. 혹시라도 누이가 젊은 머슴과 결혼하면 자기 아이들이 받을 유산이 적어질 것을 걱정했던 거지. 그러던 차에 일이 그렇게 되니 남동생은 즉시 머슴을 내쫓고, 누이가 마음이 변해도 절대 그를 다시 받아들일 수 없도록 일을 크게 떠벌였다네. 결국 여주인은 다른 머슴을 들였는데, 소문에 의하면 그녀는 그 머슴 일로도 남동생과 언쟁을 벌였다는군. 그리고 여주인이 새 머슴과 결혼할 거라는 소문이 돌았는데, 내가 알던 청년은 그 꼴을 보지 않기로 단단히 작정했던 거야.

내가 지금 하는 얘기는 과장하거나 미화하지 않았네. 오히려 너무 순화해서 이야기한 것 같아. 그리고 관습에 들어맞는 어휘를 고르느라 간간이 직접적인 표현을 삼갔다는 걸 알아주길 바라네.

이런 사랑, 일편단심, 열정은 단지 시적인 감상이 아니야. 그건 우리가 소위 무지하고 상스럽다고 여기는 사람들의 진심에서 우러나는 순수하고 생생하게 살아 있는 감정일세. 소위 교양을 쌓았다는 우리는, 그릇된 교양으로 오히려 하찮아진 우리는 어떤가! 부디 존중하는 마음으로 이 이야기를 읽어주게. 편지를 쓰고 있는 지금 내 마음은 평온하다네. 글씨가 평소처럼 휘갈겨지지 않는 걸 봐서도 알 수 있을 걸세. 이 편지를 읽고, 이것이 자네 친구의 이야기이기도 하다는 점을 생각해주기 바라네. 맞아, 이건 내게 일어난 일이기도 하고, 앞으로 일어날 일이기도 해. 그런데 나는 이 청년의 절반만큼도 확고하지 못하다네. 감히 비교할 수도 없지.

9월 5일

로테가 사업차 교외에 가 있는 남편에게 편지를 썼다네. 서두에 이렇게 쓰여 있었어.

'사랑하는 당신에게. 되도록 빨리 돌아오세요. 당신이 돌아오기만을 설레는 마음으로 기다리고 있어요.'

그런데 함께 갔던 친구가 와서, 알베르트는 일이 생겨서 출장이 길어질 것이라고 알려준 거야. 그래서 편지는 발송되지 않았고, 그날 저녁 내가 읽어볼 수 있게 된 거라네. 내가 편지를 읽으며 미소를 짓자, 로테가 왜 웃느냐고 물었어.

"인간의 상상력이란 얼마나 신기한 선물인지요! 잠시 이 편지의 수신인이 나라고 상상해보았어요."

로테가 갑자기 조용해지더군. 내 말에 기분이 상한 것 같았어. 나는 더 이상 아무 말도 못 했네.

9월 6일

로테와 처음 춤출 때 입었던 수수한 파란색 연미복을 차마 치워버릴 수 없어서 많이 망설였다네. 하지만 이제 너무 낡았어. 그래서 똑같은 걸로 다시 한 벌 주문했다네. 칼라와 소맷부리까지 달린 것으로 주문하고, 함께 입을 노란 조끼와 바지도 주문했다네 (이것이 그 유명한 베르테르 복장으로, 이 소설 발표 이후 청년들 사이에서 유행했다 - 역자주). 그렇지만 먼저 것만큼 애틋하지는 않아. 글쎄, 시간이 흐르면서 점점 더 좋아하게 될지도 모르지.

9월 12일

로테가 알베르트를 데리러 가느라 며칠 집을 비웠었네. 오늘 그녀의 방으로 찾아갔더니 그녀가 맞아주었어. 나는 기쁨에 벅차 그녀의 손에 키스했지. 카나리아 한 마리가 거울 쪽에서 날아와 그녀의 어깨에 앉더군.

"새 친구예요."

로테가 카나리아를 손가락 위에 앉히며 말했네.

"동생들을 위한 선물로 가져왔어요. 정말 예쁘지요! 보세요! 빵 조각을 떼어주면 날개를 퍼덕인 다음 조심스럽게 쪼아먹는답니다. 제게 키스도 해주고요. 잘 보세요!"

로테가 새를 향해 입을 쭉 내미니 새는 그녀의 달콤한 입술에 바짝 몸을 붙였네. 마치 자기에게 주어진 행복을 만끽하는 듯이.

"당신에게도 키스하게 해보세요."

로테가 내게 새를 넘겨주며 말했네. 그녀의 입술에 닿았던 새의 작은 부리가 내 입술에 닿을 때 그 짜릿한 감촉은 사랑의 숨결이나 암시 같았어.

"새의 키스에 욕심이 전혀 묻어 있지 않다고는 할 수 없을 것 같군요. 먹이를 찾다가 실속 없는 애무에 실망해서 돌아서는 느낌이에요.”

내가 말했네.

“입으로 주는 음식도 잘 받아먹어요.”

로테는 입에 빵 부스러기를 물고는 새를 향해 내밀었네. 그녀의 입술이 순수한 기쁨과 연민 어린 사랑 가득한 미소를 머금고 있었네.

나는 고개를 돌렸다네. 그녀가 그러면 안 되는 거였어! 천상의 순수함과 환희로 나의 상상력을 자극해서도 안 되고, 단조로운 일상으로 겨우 잠든 내 가슴을 깨워도 안 되는 거였다네! 그런데 왜 안 되는 거지? 그녀가 나를 그토록 신뢰하는데! 내가 얼마나 자기를 사랑하는지 알고 있는데!

9월 15일

빌헬름, 세상엔 아직 소중히 여겨야 할 몇 가지가 있다네. 그런데 그것들에 대해 완전히 무감각하거나 관심 없는 사람을 보면 울화가 치밀어 미쳐버릴 것 같아. 성 ○○○의 목사관 뜰에 있는 호두나무에 대해서는 자네도 들어서 알고 있을 걸세. 그곳에 가면 늘 그 밑에 로테와 함께 앉아 있곤 했던 멋진 호두나무 말이야! 시원한 그늘을 드리우는 그 나무를 보면 언제나 마음에 기쁨이 가득 차오르고, 목사관도 더욱 아늑해 보였다네! 그 나무에 대한 기억은 오래전 그 나무를 심었던 선량한 목사에게로 거슬러 올라

간다네. 그 동네 학교 교사는 자기 할아버지에게 들은 목사의 이름을 기억하고 종종 그에 관한 이야기를 했는데, 아주 선량한 사람이었다더군. 호두나무 밑에서 그 목사를 떠올릴 때마다 경건해지는 느낌이었어. 어제 바로 그 교사를 만났는데, 호두나무가 잘렸다는 거야. 그 얘기를 하면서 눈물을 글썽이더군. 도끼로 패서 없애버렸다네! 그 말을 듣고 얼마나 화가 나던지, 맨 처음 나무에 도끼를 내리친 그 개자식을 죽여버리고 싶을 정도였어. 나는 그런 나무가 내 집 마당에 서 있다가 한 그루가 수명이 다해 죽었다 해도 한없이 애통해할 사람 아닌가. 그런데 이런 일을 지켜보아야 한다니! 사랑하는 친구여, 그래도 한 가지 다행인 건 사람의 마음이 다 비슷한가 보네! 마을 전체가 술렁이고 있거든. 신자들이 믿음의 증표로 교회에 헌납하던 버터나 달걀, 그 외의 물품들이 줄어들면, 목사 부인도 이번 일로 마을 사람들의 마음이 상했다는 걸 깨닫게 될 걸세. 전에 있던 착한 목사가 세상을 떠나고 새 목사가 부임했는데, 그의 부인이 나무를 베어버리게 한 장본인이거든. 깡마르고 병약해 보이는 여잔데, 아무도 자기에게 관심 가져주지 않아서 자기도 세상일에 무관심하기로 작정한 사람 같아. 학식 있는 척하며 성서 연구를 한답시고 얼마나 나대는지. 요즘 유행하는 도덕적 비판적인 기독교 종교개혁에 시간과 열정을 쏟으면서도 라바터의 열정적인 신앙에는 어깨를 으쓱거린다네. 정신이 심각하게 병든 거지. 그러니 하느님이 지으신 이 땅에서도 아무런 기쁨을 누리지 못하는 거라네. 그런 인간이 아니고서야 누가 그런 호두나무를 패버릴 수 있겠나. 도저히 마음을 진정시킬 수가 없어! 생각해보게. 낙엽이 지면 마당을 어지럽히고 축축하게 썩어가서 싫다는 거야. 나무가 햇볕을 가리는 것도 싫고, 호두가 익으면 아이들이 그걸 따려고 돌을 던지며 수선을 피워서 자기가 케니코트와 미하엘리스, 젬러 같은 신학자들을 비교하고 깊이 성찰하는 데 방해가 된다는 거지. 마을 사람들, 특히 나이 많은 사람들이 너무나 불만스러워하길래 내가 물었다네.

"왜 그냥 두고 보기만 하셨습니까?"

"면장이 하겠다는데 어쩌겠소?"

그런데 한 가지 통쾌한 일이 생겼다네. 목사도 평소 아내 때문에 골치를 썩여왔는데, 이번에는 자기 아내의 괴팍스러운 행동으로 이득을 보기로 작정하고 면장과 의논해서 호두나무 판 돈을 나누기로 했다네. 그런데 세무 담당자가 그 사실을 알고 나무를 가져오라고 한 거야. 왜냐하면 나무가 서 있던 목사관 뜰은 관리국 소유였거든. 세무 담당자는 나무를 제일 비싼 값을 부르는 입찰자에게 팔았고, 베어낸 나무는 여전히 거기 누워 있다네! 아, 내가 영주였다면! 그 목사 부인과 면장, 그리고 세무 담당자까지……. 내가 영주였다면 말일세! 그렇지만 내가 정말 영주였다면, 왜 굳이 영지에 있는 나무에 신경을 쓰겠나?

10월 10일

나는 그녀의 검은 눈동자만 보아도 너무 행복하다네! 그런데 알베르트는 스스로 기대했던 만큼……. 아니, 내가 그의 입장이라면 그랬을 것 같은 만큼은……. 그가 행복해하지 않는 것 같아 화가 나고 마음이 쓰인다네. 말 줄임표를 남발하는 건 나도 별로 좋아하지 않지만, 이런 기분은 달리 어떻게 표현할 수가 없다네. 그렇지만 이 정도로도 충분히 표현은 되었다고 생각하네.

10월 12일

오시안이 내 마음속에서 호메로스를 몰아냈다네. 뛰어난 시인이 나를 얼마나 멋진 세계로 인도하는지! 어스름한 달빛 아래 자욱한 안개 사이로 선조들의 혼령을 몰아내는 거친 바람을 맞으며 황야를 건너게 하고. 산 위에서 흘러내리는 급류의 포효에 섞여 깊은 동굴에서 흘러나오는 혼령의 신음 소리를 듣게 하고, 무성한 잡초와 이끼로 뒤덮인 무덤가에 서 있는 네 개의 묘비 앞에서 애도하는 여인의 애끓는 통곡 소리를 듣게 한다네. 그러다 보면 선조의 발자취를 찾아 광야를 방황하는 백발의 음유시인을 만나지. 마침내 선조들의 묘비를 찾게 된 시인은 넘실대는 파도에 몸을 숨긴 저녁별을 올려다보며 울부짖네. 영웅의 가슴속에 되살아나는 지난날의 기억. 은은한 달빛이 용감한 무사들의 출정길을 안전하게 밝혀주고, 승리의 화환을 달고 귀환하는 배를 인도하던 시절의 기억. 나는 시인의 이마에 서린 무거운 슬픔을 읽고, 마지막 남은 그의 혼령이 지친 몸을 이끌고 비틀거리며 무덤으로 향하는 것을 보네. 먼저 떠난 사랑하는 이들의 무력한 그림자를 보며 새삼 가슴 아리는 반가움을 한껏 들이마시고 차가운 대지와 바람에 굽이치는 무성한 들풀을 내려다보며 외친다네.

"방랑자가 올 것이다. 올 것이다. 나의 찬란했던 시절을 보았던 그가 와서 물을 것이다. '시인이 어디 있느냐? 핑갈의 빼어난 아들이 어디 있느냐?' 그는 내 무덤을 밟고 지나며 헛되이 지상에서 나를 찾으리."

아, 친구여, 나는 고결한 무사처럼 칼을 들어 나의 영웅을 서서히 꺼져가야 하는 고통으로부터 단숨에 벗어나게 해주고 싶다네. 그리고 내 영혼도 자유를 찾은 전설의 영웅을 따라 떠나보내고 싶다네.

10월 19일

아, 이렇게 공허할 수가! 어쩌면 이다지도 지독한 공허가 가슴을 후벼 팔 수 있단 말인가! 종종 이런 생각을 한다네. 그녀를 한 번만 가슴에 안을 수 있다면, 이 모든 공허가 채워질 것 같다는.

10월 26일

맞아, 이제 분명히 알겠네, 친구여, 살아갈수록 점점 더 확실하게 알겠어. 일개 피조물의 존재는 중요하지 않다는, 정말 중요하지 않다는 걸 말일세. 로테의 친구가 그녀를 보러 와 있는데 내가 그 옆방에 책을 가지러 들어가게 되었네. 책이 잘 읽어지지 않아서 글을 쓰려고 펜을 집어 들었는데, 옆방에서 조용히 이야기 나누는 소리가 들렸어. 마을 소식을 포함해서 이런저런 사소한 이야기였어. 누가 어떤 인연으로 결혼하게 되었는지, 앓고 있는 누구누구는 병세가 어떤지.

"마른기침을 달고 산다네요. 뼈가 앙상해서 광대뼈가 피부 밖으로 튀어나올 것 같고요. 실신할 때도 있다는군요. 나라면 더 이상 살려보겠다고 돈을 쓰지는 않을 것 같아요."

친구가 이렇게 말하자 로테가 말을 받았네.

"○○○ 씨도 건강이 몹시 안 좋은가 봐요."

"온몸이 부었다지요."

친구가 말을 받았어. 나의 활발한 상상력이 나를 그 가여운 사람들의 병상으로 데려갔네. 그들을 보았어. 마지못해 삶에 등을 돌리는 그 마음이 어떤지를 보고 말았네. 빌헬름! 그런데도 여인들은 모르는 사람의 죽음에 대해 말할 때 모두가 그러듯 아무렇지 않게 이야기를 주고받았어. 나는 그녀들의 대화를 들으면서 방 안을 둘러보았네. 로테의 옷가지와 알베르트의 서류가 곳곳에 널려 있더군. 내게 그토록 익숙한 방과 가구, 잉크병을 보며 생각했어.

'봐라, 네가 이 집에 어떤 존재인지! 너는 그들에게 무엇보다 중요하고, 없어서는 안 될 존재이다. 너의 친구들은 너를 존중하지! 너는 늘 저들에게 기쁨을 주고, 너 역시 저들 없이는 살 수 없을 거라 느낀다. 그렇지만 네가 저들 곁을 떠나야 한다면? 너의 부재가 저들의 운명에 남기게 될 공허가 얼마나 갈 것 같으냐? 얼마나 오래? 그런데 느끼기는 할까?'

아, 인간은 얼마나 덧없는 존재이길래, 자기 존재를 가장 진실하게 확인할 수 있는 곳에서조차 그렇게 빨리 꺼져가고 사라지는가! 자기 존재의 흔적을 가장 확실하게 새겨놓을 수 있는 사랑하는 사람의 기억에서조차 그렇게 빨리 꺼져가고, 사라져야 하는가!

10월 27일

우리가 서로에게 얼마나 미미한 존재인지를 깨달을 때면 나는 가슴을 찢고 머리를 부수고 싶어진다네. 내가 전하지 못한 사랑, 기쁨, 온기, 행복은 상대도 내게 주지 않을 것이며, 내 온 마음이 행복으로 가득하다 해도, 나는 냉랭하고 텅 빈 마음으로 내 앞에 서 있는 사람에게 기쁨을 나눠줄 수 없을 것이니 말일세.

10월 27일 저녁

이렇게 많은 걸 가졌는데도 그녀를 향한 마음이 모든 걸 삼켜버리네. 이렇게 많은 걸 가졌는데도 그녀 없이는 모든 게 의미 없다네.

10월 30일

나의 두 팔로 그녀의 목을 끌어안고 싶었던 적이 수백 번은 되지 않을까! 그렇게 사랑스러운 사람이 눈앞을 지나치는데 손을 뻗어 잡을 수 없는 심정이 어떤지 하느님께서는 아신다네. 손을 뻗어 잡으려는 건 가장 자연스러운 인간의 본능이니까. 어린아이는 눈앞에 보이는 건 무엇이든 손으로 잡으려고 하지 않던가? 그런데 나는?

11월 3일

하느님은 아시네! 내가 얼마나 자주 잠자리에 들면서 다시 깨어나지 않기를 바라는지. 그리고 가끔은 정말 그렇게 될 수도 있다고 기대하는지. 그러고 아침이 되어 다시 눈을 뜨고 해를 볼 때면 비참한 기분이 든다네. 괜히 울적해져서 날씨 탓을 하거나 제삼자를 탓하거나, 뭔가 일이 잘못된 것을 탓할 수 있는 처지라면, 이 참을 수 없는 부정의 감정을 반으로 줄일 수 있을 텐데. 모든 불행이 나로부터 비롯된 걸 어쩌겠나! 모든 죄책감이 내 몫임을 뼈저리게 느낀다네. 아니, 죄책감이라고는 하지 않겠네! 한때 행복이 내 안에서 솟아 나왔듯, 이제 내 마음 깊은 곳에 불행의 원천을 안고 있는 것으로 충분하지 않은가. 나는 여전히 같은 사람 아닌가? 충만한 감성에 겨워 하늘을 떠다니는 듯, 한 걸음씩 옮길 때마다 낙원이었던 그 시절에는 온 세상을 사랑으로 품을 것 같았던 그 사람 말일세. 그랬던 가슴이 죽어서 이제 어떠한 환희도 흘러나오지 않는다네. 감각에 윤활유가 되어줄 눈물조차 말라버리고, 이마는 불안으로 잔뜩 찡그려져 있지. 한때 내 삶의 기쁨이자 원동력이었던 그 신성한 힘을 잃어버리고, 나는 깊은 실의에 빠져 있다네. 영원히 잃어버렸어! 자욱한 안개를 뚫고 아침 해가 아스라한 언덕 위로 솟아 평화로운 초원을 비추고, 앙상한 버드나무 사이로 고요한 강물이 굽이굽이 흐르는 모습을 창문으로 바라보면서도, 이 아름다운 자연이 니스 칠한 모형처럼 보일 뿐, 가슴에서 머리로 기쁨 한 방울 길어 올리지 못한다네. 이 사내는 하느님의 얼굴을 마주하고도 말라버린 우물처럼, 깨진 양동이처럼 서 있을 뿐이라네. 하늘이 청동빛으로 빛나고 만물이 목마름에 죽어가고 있을 때 하느님께 비를 간구하는 농부의 심정으로 나는 땅바닥에 쓰러져 눈물을 주십사 간구한다네.

하지만, 아! 하느님은 우리의 열렬한 간청 때문에 비를 내려주시고 햇빛을 보내주시는 게 아니라는 걸 알고 있다네. 나를 괴롭히는 추억의 시간이여, 왜 그 시절엔 그토록 행복했던가? 아마도 내가 그분의 성령을 참을성 있게 기다리다가 충만하게 채워주실 때 깊이 감사하는 마음으로 받아들였기 때문이 아닐까!

11월 8일

내가 너무 무절제하다고 그녀가 나무랐다네! 아, 얼마나 사랑스럽고 다정한 마음씨인가! 나의 무절제함이란, 포도주 한잔하려다 한 병을 다 비우는 걸 두고 하는 말이라네.

"그러지 마세요. 로테를 생각해서라도."

그녀가 말했네.

"당신을 생각하라고요! 그걸 내게 말할 필요가 있을까요? 늘 생각합니다. 아니, 생각하지 않아요. 당신은 언제나 내 영혼에 들어와 있으니까. 오늘은 당신이 며칠 전에 마차에서 내렸던 그 자리에 나가 앉아 있었어요."

그러자 로테는 내가 그 이야기에 너무 깊이 빠져들지 못하게 하려고 화제를 바꾸더군.

친구여, 나는 이제 그녀 앞에서 완전히 기가 꺾였네. 그녀는 나를 자기 마음대로 할 수 있어.

11월 15일

빌헬름, 자네의 진지한 배려와 선의의 충고는 고맙게 받겠네. 하지만 너무 염려하지 말게. 끝까지 견뎌볼 거야. 삶이 적막하고 황량하지만, 그래도 아직 버텨낼 힘이 남아 있다네. 나는 종교를 존중하는 사람이 아닌가. 종교는 지친 영혼의 지팡이와 같고, 쇠진해가는 피조물의 활력소 같은 것일세. 그런데 정말 종교는 모든 피조물에 그런 의미일 수 있을까, 아니 그런 의미일까? 넓은 세상을 둘러보면, 설교를 들으며 사는지 그렇지 않은지를 떠나서, 그렇지 못한 경우가 수천이며 앞으로도 그렇지 못할 경우가 수천이라네. 그런데 나에게는 반드시 그러라는 법이 있는가? 하느님의 독생자 예수께서도 "내 곁에 있는 사람은 모두 아버지 하느님께서 보낸 이"라고 하지 않으셨던가? 만약 내가 그렇게 보내진 사람이 아니라면? 하느님께서 나를 당신 곁에 두려고 작정하셨다면? 실은 내 마음도 그걸 바라고 있다네. 내 말을 오해하지 말기 바라네. 조롱하려는 의도는 전혀 없이 순수하게 하는 말이니까. 내 영혼을 있는 그대로 자네에게 털어놓는 거라네. 그게 아니라면 차라리 침묵을 택했을 걸세. 나도 남도 잘 모르는 것에 관해서는 굳이 말하지 않는 게 낫다고 생각하는 편이니까. 인간의 운명이라는 게 자기 몫의 삶을 끝까지 살아내고, 자기 잔을 비우는 것 외에 달리 무슨 수가 있겠는가? 하지만 그 술잔에 담긴 술이 인간의 모습으로 오신 하느님의 입술에도 쓴맛이었다면, 내가 왜 굳이 달콤한 것처럼 꾸며야 하겠는가? 나의 과거가 미래의 암울한 심연 위로 번개처럼 번쩍이고 주변의 모든 게 바닥으로 가라앉으며, 세상이 나와 함께 무너지는 생사의 갈림길에서 두려움에 온몸이 떨리는 것을 왜 부끄러워해야겠나?

"나의 하느님! 나의 하느님! 왜 나를 버리시나이까?"

이는 온전히 홀로 남겨진 채 무력하게 몰락해가는 피조물이 남은 힘을 모아 위를 향해 이를 갈며 울부짖는 소리 아닌가? 내가 이런 울부짖음을 부끄러워해야겠는가? 하늘을 옷자락처럼 접어치울 수 있는 분도 피하지 못한 그 순간을 내가 두려워해야겠는가?

11월 21일

그녀는 자신과 나를 모두 파괴할 독약을 준비하면서도 그걸 스스로 알아채지 못한다네. 그리고 나는 그녀가 잔을 내밀면, 그것이 나를 파멸로 이끌 줄 알면서도 욕망에 이끌려 받아 마시지. 그녀가 자주……. 자주? 아니, 자주는 아니야. 가끔 나를 바라보는 따듯한 눈빛, 불쑥 내놓는 나의 감정 표현을 받아주는 너그러움, 나의 괴로움을 안쓰러운 표정으로 바라보는 자애로움은 무슨 의미란 말인가?

어제는 내가 일어서려는데 그녀가 손을 내밀며 "잘 가요, 친애하는 베르테르!"라고 했다네. 친애하는 베르테르! 그녀가 나를 그렇게 부른 건 처음이어서 그대로 내 가슴에 들어와 꽂혔다네. 그 말을 수없이 되뇌었네. 그러고는 잠자리에 들어 혼자 이런저런 수다를 늘어놓다가 문득 "잘 자요, 친애하는 베르테르!"하고 속삭였다네. 그러고는 혼자 웃었어.

11월 22일

'그녀가 제 사람이 되게 해주소서!'

차마 이렇게 기도할 수는 없네. 그런데도 종종 그녀가 내 사람인 듯 느껴져. '그녀를 제게 주소서!'라고 기도할 수도 없어. 그녀는 다른 사람의 여인이니까. 나는 이렇게 나의 고뇌를 되새김질하며 지내고 있다네. 이렇게 고삐가 풀린 채로 이어가다 보면 나만의 장황한 반어법을 만들어낼 수도 있을 걸세.

11월 24일

나의 괴로움을 그녀도 느낀다네. 오늘 그녀의 눈빛은 내 마음을 깊이 꿰뚫어 보고 있었어. 내가 갔을 때 그녀는 혼자였는데, 내가 아무 말도 하지 않고 있으니, 그녀가 나를 바라보더군. 그런데 오늘 그녀의 모습에서 사랑스러움이나 반짝이는 발랄함은 찾아볼 수 없었다네. 그보다 훨씬 더 깊이 있는 아름다움이 내 마음을 울렸어. 연민과 온정이 가득 담긴 표정 있지 않은가. 아, 나는 왜 그녀의 발아래 쓰러질 수 없는 건가? 왜 그녀를 안고 수천 번의 키스를 퍼부으면 안 되는 건가? 그녀는 마음을 달래려는 듯 피아노 앞에 앉아서 부드럽고 달콤한 곡을 연주했다네. 그녀의 입술은 전에 없이 매혹적이었어. 악기에서 흘러나오는 달콤한 음조를 마시려는 듯 벌어진 입술 사이로 순결한 숨결에서 퍼져 나오는 은밀한 메아리. 아, 그걸 자네에게 그대로 전할 수만 있다면! 나는 저항하기를 멈추고 머리 숙여 맹세했다네.

'하늘의 정령이 수호하는 그대의 입술에 입 맞추는 일은 없으리라.'

하지만 그러고 싶은 마음이 간절했다네. 내 말 알아듣겠나? 그 맹세가 성벽처럼 영혼을 가로막고 있어. 그 환희를……. 단 한 번이라도 맛보고 죽음으로 속죄하면 어떨까? 그런데 정말 그게 죄일까?

11월 26일

때때로 나 자신에게 이렇게 말한다네.

'네 운명도 참 특이하구나. 다른 사람은 모두 행운을 타고났는가 보다. 너처럼 고통스럽게 사는 사람은 또 없을 거야.'

그리고 나서 고대 시인의 시를 읽으면, 마치 내 마음을 들여다보는 것 같다네. 나는 이렇게 힘겹게 버티고 있는데! 내 앞에 살다간 이들도 이렇게 불행했단 말인가?

11월 30일

나는 아무래도 제정신으로 살 운명이 아닌가 보네! 어디를 가든 평정심을 깨뜨리는 일이 생긴다네. 오늘도! 오, 운명의 신이여! 오, 인간이란 존재는!

점심때 식사할 생각이 없어서 물가에 내려갔었다네. 모든 게 음산하고 축축한 데다 산에서 냉랭한 서풍이 불어오고, 잿빛 먹구름이 골짜기로 모여들고 있었어. 그런데 꽤 먼 거리에 낡은 녹색 외투를 입은 남자가 바위틈을 기어오르는 게 보였어. 약초 캐는 사람 같았지. 내가 다가가자, 발소리를 듣고 돌아보았네. 관상이나 차림새가 참 특이한 사람이었어. 착하고 정직한 인상이었는데 뭔가 조용한 슬픔이 배어 있는 것 같았어. 검은 머리 두 가닥은 돌돌 말아 핀으로 고정하고 나머지는 굵게 땋아 뒤로 늘어뜨렸더군. 옷차림으로 보아 그다지 높은 계층은 아닌 것 같아서 내가 아는 척을 해도 그다지 불쾌해할 것 같지는 않았네. 내가 뭘 찾느냐고 묻자, 그가 깊은 한숨을 내쉬며 대답했네.

"꽃을 찾고 있어요. 그런데 하나도 눈에 띄질 않네요."

"지금은 꽃이 필 계절은 아니지요."

내가 미소를 보이며 대답했어.

"우리 정원에는 아주 많거든요. 장미도 있고, 인동덩굴도 두 가지나 있어요. 인동덩굴 하나는 아버지께서 제게 주셨는데 잡초처럼 잘 자란답니다. 벌써 이틀째 꽃을 찾아다니는 데 없어요. 저쪽에도 항상 꽃이 있었어요. 노란색, 푸른색, 빨간색. 용담초에는 아주 작고 예쁜 꽃이 피어요. 그런데 하나도 못 찾겠어요."

나는 뭔가 좀 이상하다는 느낌이 들어서 넌지시 물었어.

"꽃은 왜 찾는 겁니까?"

그러자 입가를 묘하게 떨면서 미소를 짓더니, 손가락을 자기 입술에 갖다 대고는 말했어.

"아무에게도 말하지 마세요. 애인에게 꽃다발을 만들어주겠다고 약속했어요."

"참 멋지네요."

내가 이렇게 말해주었지.

"그녀는 다른 건 많이 가지고 있답니다. 부자거든요."

"그렇지만 당신이 꽃다발을 만들어주면 좋아할 겁니다."

"오! 그녀는 보석도 있고, 왕관도 있어요."

"그분 성함이 어떻게 되는데요?"

"네덜란드 정부에서 돈만 받으면 저도 딴사람처럼 살 거예요! 그럼요. 저도 행복했던 때가 있었답니다! 그렇지만 이제 다 끝났어요. 저는 이제……."

그러고는 하늘을 올려다보는데, 눈물이 그렁그렁 맺혀 있더군. 그 눈이 많은 걸 말해주고 있었네.

"그러니까 한때는 행복했다고요?"

내가 물었어.

"오, 다시 그렇게만 살 수 있으면 좋겠습니다! 그때는 물 만난 고기처럼 행복하고 즐거웠거든요."

"하인리히!"

그때 한 늙은 여인이 우리를 향해 걸어오며 외쳤네.

"하인리히, 어디 있었던 거냐? 사방으로 찾아다녔는데. 저녁 먹으러 가자꾸나!"

"아드님이십니까?"

내가 그녀 쪽으로 다가가며 물었네.

"네. 가여운 제 아들입니다! 하느님께서 제게 무거운 십자가를 주셨어요."

"언제부터 저렇게 된 겁니까?"

내가 물었네.

"저렇게 차분해진 지는 여섯 달 정도 되었네요. 이만해진 게 감사한 일이지요. 예전에는 일 년 내내 미쳐 날뛰는 바람에 정신병원에서 쇠사슬에 묶여 있었답니다. 지금은 사람을 해치지는 않아요. 그저 왕과 황제 이야기에 빠져 있지요. 원래 착하고 집안일도 잘 도와주는 아이였답니다. 글씨도 얼마나 예쁘게 썼는지 몰라요. 그런데 갑자기 침울해지고 고열에 시달리더니 미쳐버렸어요. 그러고는 지금 보시는 것처럼 되었답니다. 지난 일을 말씀드리자면, 선생님……."

나는 그녀의 말을 가로막고 물었네.

"아주 행복하고 즐거웠던 때가 있다고 자랑하던데, 그게 언제였을까요?"

"어리석은 녀석!"

노파가 연민 어린 미소를 띠며 말했네.

"미쳐 있던 때를 말하는 거랍니다. 늘 그때가 좋았다고 말하거든요. 정신병원에 있을 때를 말하는 거예요. 자기가 누군지도 모르고 지내던 때 말이죠."

나는 그 순간 가슴이 철렁 내려앉아, 그녀의 손에 동전 하나 쥐여주고 서둘러 그곳을 떠났다네.

행복했던 시절! 나는 곧장 시내를 향해 걸으며 혼자 이렇게 외쳐보았어. 물 만난 고기처럼 행복했던 시절이라니! 하느님! 당신은 왜 인간이 제정신을 차리기 전과 그것을 잃고 난 다음에만 행복할 수 있도록 운명 지으셨습니까? 가련한 인간이여! 그런데도 나는 그대를 힘들게 하는 우울과 지각의 혼란이 얼마나 부러운지 모르겠소! 그대는 사랑하는 여왕을 위해 한겨울에 꽃을 꺾으러 나오면서 희망에 가득 찼을 것이고, 꽃이 안 보인다며 탄식하면서도 왜 꽃이 보이지 않는지 모르고 있지 않소. 그런데 나는 아무 희망도 목적도 없이 밖으로 나갔다가 그대로 다시 돌아온다오. 그대는 네덜란드 정보가 돈을 지급하면 다른 인생을 살 수 있을 거라 상상하고 있소. 축복받은 자여! 자기가 행복하지 못한 이유를 세속의 방해 탓으로 돌릴 수 있으니! 그대는 모르는구려! 자신의 불행이 망가진 마음과 정신 때문이며, 세상의 어떤 힘으로도 회복될 수 없다는 것을. 고통스러운 질병을 치유하기 위해 효험 좋은 온천을 찾아 먼 길을 떠났다가 오히려 병이 깊어져 남은 삶을 더 고통스럽게 이어가는 사람을 조롱하는 자, 괴로운 마음과 양심의 가책을 덜어내려고 예수님의 무덤을 찾아 순례를 떠나는 번뇌에 빠진 사람을 조롱하고 비난하는 자는 쓸쓸히 절망 속에 죽음을 맞이하리라! 인적 없는 길을 한 걸음씩 걸을 때마다 발바닥을 파고드는 고통은 향유가 되어 영혼의 아픔을 치유하며, 매일의 행군을 견뎌내는 동안 그의 가슴은 조금씩 번뇌를 내려놓고 편안해지는 것을, 감히 그걸 광기라고 하는가? 푹신한 소파에 앉아 미사여구나 늘어놓는 그대들이? 광기라고! 오, 하느님! 제 눈물이 보이십니까! 모두를 사랑하신다는 당신께서는 인간을 이렇듯 초라하게 지으시고, 그 결핍과 당신께 가지고 있는 약간의 믿음마저 빼앗아 갈 형제들을 그의 곁에 보내셔야 했습니까! 약초 뿌리와 포도즙의 효능을 믿는 것은 당신께 대한 믿음이 아니고 무엇이겠습니까? 당신께서 모든 자연에 치유의 효능과 위로의 힘을 심어놓으셨다는 믿음 말이지요. 내가 이해하지 못하는 분, 아버지 하느님! 한때는 저의 영혼을 채우셨으나 이제는 저를 외면하시는 아버지! 저를 당신 곁으로 불러주십시오! 더 이상 침묵하지 마십시오! 당신의 침묵은 제 영혼의 목마름을 가라앉히지 않습니다. 뜻하지 않은 시간에 아들이 돌아와 아버지의 목을 끌어안고 이렇게 외친다면, 그 아버지는 과연 화를 내겠습니까? "아버지, 제가 돌아왔습니다! 제가 아버지의 뜻을 거스르면서 여행을 중도에 포기하고 돌아왔다고 화내지 마십시오. 세상 어디를 가도 마찬가지였습니다. 힘들게 일하고 그에 대한 보상을 받고 기뻐하는 것. 그런데 그게 저와 무슨 상관이란 말씀입니까? 저는 아버지 곁에서만 행복할 수 있으며, 고통도 기쁨도 아버지 앞에서 누리고 싶습니다"라고 한다면 말입니다. 하늘에 계신 아버지, 당신은 그를 내치시겠습니까?

12월 1일

빌헬름! 내가 말했던 그 운 좋은 불행한 남자는 로테 아버지 사무실의 직원이었다네. 그는 로테를 연모하는 감정을 남몰래 키워오다가 털어놓았고, 그 일로 해고당한 걸세. 그러고는 미쳐버린 거야. 내가 무심한 글로써 전하는 이 이야기를 읽으면서 내 마음이 얼마나 참을 수 없이 혼란스러웠을지 헤아려주게나. 알베르트는 그 이야기를, 평정심을 잃지 않는 가운데 차분하게 내게 들려주었다네. 자네도 그렇게 차분하게 이 글을 읽겠지.

12월 4일

제발 부탁이니 날 이해해주게. 자네도 보다시피 나는 이제 한계에 다다랐어. 더 이상 견딜 수가 없네! 오늘은 그녀와 함께 있었어. 나는 앉아 있고, 그녀는 피아노를 쳤어. 진한 감성을 담아서 여러 곡을 말일세! 어찌나 서정적이던지! 어쩌면 그렇게도! 나는 어쩌라고? 그녀의 어린 동생은 내 무릎에 앉아서 인형 옷을 입히고 있었어. 눈물이 차오르더군. 고개를 숙이는데 그녀의 결혼반지가 눈에 들어왔어. 그러자 눈물이 흘러내렸고, 그 순간 로테가 감미로운 옛 노래를 연주하기 시작했다네. 그러자 마음이 가라앉으면서 그 곡을 즐겨 듣던 시절의 우울했던 시간들, 비애, 빗나간 희망의 추억들이 내 영혼을 관통하고 지나갔네. 그러자 가슴이 답답해지면서 숨이 막힐 것 같아서 나는 일어나 방 안을 서성거렸어.

"오, 제발."

나는 로테를 향해 거칠게 걸음을 옮기며 외쳤어.

"제발 그만해요!"

로테가 연주를 멈추고 나를 빤히 바라보다가, 내 영혼을 꿰뚫을 듯한 미소를 지으며 말했네.

"베르테르, 몸이 많이 안 좋으신가 봐요. 평소에 좋아하시던 곡들이 지금은 전혀 그렇지 않은 것 같네요! 집에 가셔서 좀 쉬세요."

나는 뛰쳐나오듯 그녀 곁을 떠났다네. 오, 하느님! 비참한 제 처지를 살펴보시고, 이제는 그만 끝을 내주십시오.

12월 6일

그녀의 모습이 나를 계속 따라다니네! 자나 깨나 내 영혼은 그녀로 가득 차 있어! 눈을 감으면 머릿속, 내면의 시선이 하나로 모이는 그곳에 그녀의 검은 눈이 있어. 바로 여기! 설명할 수는 없어. 눈을 감으면 거기 있는 게 보여. 바다처럼, 심연처럼, 내 앞에, 내 안에 펼쳐져 나의 감각을 채워버리네.

신격화된 통치자라 칭송받는 인간은 대체 어떤 존재인가! 왜 인간은 힘이 가장 필요한 때에 그 힘을 갖지 못하는가? 기쁨에 겨워 날아오르거나 슬픔에 겨워 가라앉아 그대로 무한히 충만해지려는 그 순간 다시 지루하고 차가운 의식의 세계로 끌려와야 한단 말인가?

편자로부터 독자에게

우리의 친구 베르테르의 마지막 날들에 관해 그의 친필로 쓰인 자료가 충분히 남아 있기를 얼마나 바랐는지 모릅니다. 그랬더라면 나머지 편지를 소개하면서 중간중간 저의 설명을 끼워 넣지 않아도 되었을 것입니다.

그래서 베르테르의 생애를 잘 알고 있는 이들의 입을 통해 정확한 사실을 수집하려고 많이 노력했습니다. 대부분 단순한 사실이고, 소소한 몇 가지를 제외하고는 모두의 이야기가 일치합니다. 의견이 갈리거나 판단이 다르게 나오는 건 가까이에서 그를 지켜본 이들의 성품과 기질 탓일 것입니다.

제가 편자로서 할 수 있었던 일은 부단한 노력으로 수집한 내용을 성실하게 전하면서, 고인이 남긴 편지와 글을 종이 한 장 빠뜨리지 않고 연대기적으로 끼워 넣는 것 외에는 없었습니다. 특히 평범하지 않은 사람 간에 일어난 행위 하나하나에 숨어 있는 진정한 동기를 발견한다는 게 얼마나 어려운 일인가를 생각할 때 더욱 그렇겠지요. 베르테르의 마음에 점점 깊이 뿌리내린 분노와 불쾌감은 점점 복잡하게 얽히면서 그의 정신세계를 온통 사로잡았습니다. 마음의 균형이 깨지고 내적인 흥분과 휘몰아치는 격정이 이어지면서 그의 타고난 능력을 교란하여, 최악의 상황으로 몰고 가고 말았습니다. 그리하여 그는 지난날 모든 불행에 시달리며 살 때보다 더 불안해졌으며, 그것에서 벗어나기 위해 모든 기력을 소진하며 분투해야 했습니다. 마음속 깊이 자리 잡은 두려움이 그의 남은 정신력과 활기, 예지력을 모두 좀먹었기 때문에 그는 점점 더 어울리기 힘든 친구, 부당한 행동을 하는 사람으로 낙인찍히게 되었으며, 결국 점점 더 불행한 사람이 되었습니다. 적어도 알베르트의 친구들은 그렇게 말합니다. 말하자면 베르테르는 낮에 전 재산을 탕진하고 밤이 되면 욕망과 결핍에 시달리는 사람이었던 반면, 알베르트는 오랫동안 소망해온 행복을 마침내 이룬 사람이었다는 것입니다. 그러므로 베르테르는 흠 없고 조용한 알베르트의 성품을 비난할 수 없으며, 그가 자기 행복을 지키려 했던 방식이 합당했는지 의문을 던질 처지가 못 된다는 것이었습니다.

"알베르트는 그렇게 짧은 시간에 변할 사람이 아니며, 베르테르가 처음 그를 알게 되었을 때 존경해 마지않았던 그 성품 그대로 한결같았습니다. 세상 누구보다 로테를 사랑하고 자랑스러워했으며, 로테가 모두에게 훌륭하고 멋진 여성으로 인정받기를 바랐습니다. 그런 그가 자신의 가장 소중한 보물을 다른 사람과 나누고 싶지 않은 순간에, 가장 순수한 방식으로나마 의혹의 기미를 숨기려 했다고 해서 그것을 탓할 수 있겠습니까?"

그들에 따르면, 알베르트는 아내의 방에 베르테르와 세 사람이 있다가 종종 방에서 나갔다고 합니다. 그렇지만 베르테르가 싫거나 그를 혐오해서가 아니라, 자기가 있으면 베르테르가 불편해하는 것 같아서였다고 합니다.

로테의 아버지가 병에 걸려 방 안에서만 지내게 되었을 때, 마차를 보내 로테를 부른 적이 있었습니다. 첫눈이 펑펑 내려 온 마을이 파묻혔던 날이었지요.

다음 날 아침에 베르테르가 뒤따라왔습니다. 알베르트가 로테를 데리러 오지 못할 경우 자기가 그녀를 집까지 데려다주기 위해서였습니다.

화창한 날씨도 그의 음울한 기분을 위로해주지 못했습니다. 어둡고 무거운 짐에 눌려 고뇌하는 자기 이미지가 머릿속에 깊이 박혀 있어서 하나의 번뇌에서 또 다른 번뇌로 순회할 뿐 다른 정서가 들어설 틈은 없는 것 같았습니다. 자기 자신과 끝없이 갈등하며 사는 탓에 다른 사람의 삶도 자기만큼, 또는 자기보다 더 복잡하고 힘들 것이라 여겼습니다. 베르테르는 자기가 알베르트와 로테의 아름다운 관계를 망쳤다고 생각하고 자책했는데, 알베르트에 대해 은근한 반감이 생겨나면서 그러한 자책감이 무뎌졌던 것 같습니다.

그날 가면서도 그런 생각이 머릿속에 가득했던 것입니다.

"그러면 그렇지."

베르테르는 혼자 이를 부드득 갈면서 중얼거렸습니다.

"이게 그토록 친밀하고 다정하고 애틋한, 모든 걸 공감하는 동반자의 관계라는 거지. 평온하고 무던한 성실함이라고! 그건 권태와 무관심일 뿐이야! 사실은 소중한 아내보다 몇 푼 안 되는 거래가 더 중요한 거 아니야? 자기가 얻은 귀중한 보물을 좀 더 감사히 여길 수는 없어? 로테라는 사람이 지닌 가치만큼 그녀를 존중해 줄 수는 없는 거야? 그는 로테를 온전히 차지하고 있어. 로테는 그의 여자니까. 나도 그건 알아. 다른 세상사를 이해하고 있는 것만큼 그 사실도 이해한다고. 그 생각이 머릿속을 떠나지 않아서 미쳐버릴 지경이야. 결국 나는 죽게 될 거야. 그런데 나에 대한 그의 우정이 여전하다고? 로테를 향한 나의 사랑이 자기 권리를 침해하는 거로 생각하고 있는데도? 내가 로테에게 마음을 쓰는 게 자기를 향한 무언의 비난이라고 여기고 있는데도? 나도 알고 있어. 나를 보고 싶어 하지 않는 걸 느낀다고. 내가 멀리 가버렸으면 좋겠다는 거지. 내 존재가 그에게는 짐일 테니까."

이따금 속도를 늦추기도 하고, 잠시 멈춰 서서 돌아가야 하나 망설이기도 했으나, 그때마다 다시 출발해서 가던 길을 재촉했습니다. 그렇게 생각과 독백을 거듭하면서 마침내 로테 아버지의 사냥 별장에 도착했습니다.

베르테르는 안으로 들어가자마자 노인과 로테의 안부를 확인했습니다. 그런데 집 안이 무척 술렁이는 느낌이었습니다. 제일 큰 남동생이 발하임에 불미스러운 사건이 발생했다고 말해주었습니다. 농부 한 사람이 살해되었다는 것이었어요! 하지만 베르테르는 그다지 심각하게 받아들이지 않고 거실로 들어갔습니다. 로테가 연로한 아버지와 실랑이를 벌이고 있었습니다. 병환 중인 아버지가 발하임에 가서 현장 조사를 해야겠다고 고집을 피웠기 때문이었습니다. 아직 범인은 밝혀지지 않았으며 피해자의 시신은 아침에 그의 집 문 앞에서 발견되었는데, 의심 가는 사람이 있다고 했습니다. 죽은 남자는 과붓집 머슴인데, 그가 오기 전에 있던 머슴은 과부와 다툼 끝에 해고되었다고 했습니다.

그 말을 들은 베르테르는 서둘러 떠날 준비를 했습니다.

"어떻게 그럴 수가!"

베르테르가 탄식하며 말했습니다.

"내가 가겠어요. 머뭇거릴 시간이 없습니다."

베르테르는 발하임을 향해 달려갔습니다. 모든 기억이 생생하게 머릿속을 스쳤고, 몇 번 이야기를 나누고 호감을 느끼던 그 청년이 범인일 것임을 한순간도 의심할 필요가 없었습니다.

주막으로 가려면 시신이 눕혀져 있는 보리수나무 밑을 지나야 했는데, 전에 그토록 좋아하던 장소를 보며 베르테르는 경악을 금치 못했습니다. 이웃집 아이들이 늘 앉아서 놀던 문지방이 피로 물들어 있었거든요. 인간의 정서 중 가장 아름다운 사랑과 충성심이 폭력과 살인으로 끝을 맺은 겁니다. 잎을 모두 떨군 채 서 있는 우람한 나무의 가지마다 서리가 하얗게 내려 있었고, 교회의 낮은 담을 덮고 있는 관목 울타리의 앙상한 가지 사이로 눈 덮인 묘비들이 언뜻언뜻 보였습니다.

마을 사람들이 모여 있는 주막을 향해 가는데 갑자기 큰 소리가 나고 소란스러워졌습니다. 멀리 무장한 남자들이 보이고, 누군가가 살인자를 끌고 온다고 소리쳤습니다. 베르테르도 끌려오는 사람을 보았습니다. 그 순간 더 이상 의심의 여지가 없었죠. 예상대로 범인은 과부를 죽도록 사랑하던 젊은 머슴이었습니다. 얼마 전 남몰래 번민에 싸여 서성이다가 베르테르와 마주쳤던 바로 그 젊은이 말이지요.

"왜 그런 짓을 저질렀나, 이 딱한 사람아!"

베르테르가 붙잡혀 오는 청년에게 달려가면서 외쳤습니다. 청년은 말없이 베르테르를 바라보았습니다. 그러더니 나지막이 말했습니다.

"아무도 그녀를 가질 수 없습니다. 그녀 곁에 아무도 있을 수 없어요."

청년이 주막 안으로 끌려 들어가고 나서 베르테르는 서둘러 자리를 떴습니다.

이 끔찍한 사건은 베르테르의 내면을 혼란에 빠뜨렸습니다. 자신의 슬픔과 낙망, 체념을 잠시 접어두고 청년을 향한 연민을 불태우며 그를 구해야 한다는 생각에 사로잡혔습니다. 그의 불운한 처지가 너무도 절절하게 가슴에 와닿았고, 비록 범죄를 저질렀지만 순결한 사람이라는 생각이 들었습니다. 자기가 그렇게 청년의 처지를 딱하게 여기는 만큼 다른 사람도 그렇게 느끼도록 설득할 수 있을 거로 생각한 것이지요. 당장에라도 청년을 변호해주고 싶었고, 그때 하고 싶은 말들이 생생하게 떠올라 입안을 맴돌았습니다. 베르테르는 서둘러 사냥 별장으로 달려가면서 법무관 앞에서 할 말들을 작은 소리로 중얼거렸습니다.

거실에 들어가니 알베르트가 먼저 와 있었습니다. 베르테르는 잠시 불쾌한 기분이 들었지만, 곧 마음을 추스르고 자신의 견해를 열띤 어조로 말했습니다. 그러는 동안 법무관은 여러 번 고개를 저었습니다. 베르테르가 열정적으로 청년을 옹호하는 말들을 쏟아냈지만, 법무관은 조금도 흔들리지 않았습니다. 오히려 베르테르의 말을 가로막으며 날카롭게 반박했습니다. 그리고 살인자를 두둔한다며 나무랐습니다. 그렇게 하다가는 모든 법규가 효력을 잃을 것이며 국가의 질서가 무너질 거라고 했습니다. 그러므로 자기는 모든 일을 법적 절차에 따라 질서 정연하게 처리해야 할 책임이 있다고 했습니다.

하지만 베르테르는 포기하지 않고 법무관에게 누군가가 범인을 도망가게 하더라도 모른 척해달라는 말까지 하고 말았습니다! 그 또한 당연히 거부되었습니다. 마침내 알베르트까지 나서서 법무관의 의견에 동참하고 법무관도 "그를 구제할 길은 없다!"라고 다시 한번 못을 박으니, 수세에 밀린 베르테르는 몹시 분개한 표정으로 자리를 떴습니다. 법무관의 말에 베르테르가 얼마나 깊은 상처를 받았는지는 나중에 발견된 자료 중 그날 쓴 것이 분명한 메모를 보면 알 수 있습니다.

'자넨 구제될 수 없다는군, 불쌍한 사람! 우리가 구제될 수 없다는 걸 너무도 분명히 알게 되었네.'

알베르트가 범인에 관해 법무관 앞에서 마지막으로 한 말은 베르테르의 입장에서 몹시 듣기 거북한 말이었습니다. 그의 말속에 자신에 대한 반감이 느껴졌기 때문이지요. 나중에 다시 생각해보았을 때 두 사람의 판단이 모두 합당하다는 사실을 부정할 수는 없었지만, 그 견해를 수긍하려면 자기 존재를 근본적으로 부정해야 할 것 같았습니다.

이와 관련해서, 베르테르가 알베르트에 대한 자신의 감정을 솔직히 표현한 듯한 메모도 발견되었습니다.

'그는 좋은 사람이라고 나 자신에게 거듭 일깨우는 것이 무슨 소용이 있겠는가. 아무리 그래봐야 내 속은 갈가리 찢기는데. 내가 그에 대해 공정한 평가를 한다는 건 불가능하다.'

날이 푸근하고 눈도 녹기 시작해서 로테는 알베르트와 걸어서 집으로 돌아갔습니다. 로테는 걸어가면서도 베르테르가 없어서 허전한 듯 자꾸 사방을 두리번거렸습니다. 알베르트는 베르테르 이야기를 꺼내고 그를 비난하기 시작했습니다. 베르테르의 잘못된 열정에 관해 언급하면서 그를 멀리해야 할 것 같다고 했습니다.

"우리를 위해서도 그러는 게 좋을 것 같소. 그리고 그가 당신을 대하는 태도도 좀 바꿀 수 있게 당신이 노력해주었으면 좋겠소. 우리 집에 오는 횟수도 좀 줄이고. 사람들도 이상하게 생각하기 시작하는 것 같고, 여기저기 말들이 도는 것도 알고 있소."

로테가 아무 말도 하지 않고 듣고만 있자, 알베르트는 그녀의 침묵이 무엇을 의미하는지 알아차렸습니다. 그 후로는 베르테르의 이야기를 입에 담지 않았으며, 로테가 그의 이야기를 꺼내도 대꾸하지 않거나 화제를 돌렸습니다.

불운한 청년을 구하려는 베르테르의 헛된 시도는 꺼져가는 등불의 마지막 불꽃이었습니다. 그 후로는 고통과 무기력감 속에 하루하루를 지냈으며, 청년이 범행을 부인하기 때문에 그가 증인으로 소환될지도 모른다는 말을 전해 듣고는 거의 제정신이 아니었습니다.

사회생활을 하면서 마주쳤던 불쾌한 일들, 공사관에서 황망했던 순간들, 이루고자 했다가 실패한 일들, 그를 화나게 했던 모든 일이 떠올랐다 사라지면서 그의 마음을 휘저었습니다. 그러다 자연히 무력감을 느끼게 되었으며, 자기는 이제 모든 사회 활동에서 배제되어 일상생활을 영위할 기회를 영영 얻지 못할 것이라 체념하게 되었습니다. 결국 베르테르는 기이한 감정과 사고방식, 한없는 열정에 자신을 맡긴 채, 오로지 사랑하는 로테와의 슬픈 관계에 매달리게 되었습니다. 하지만 그건 로테의 평온한 삶을 방해하는 결과를 초래함과 동시에 남은 기력을 아무런 목적도 희망도 없이 소진하면서 쓸쓸한 종말을 향해 다가가는 형국이었습니다.

남아 있는 몇 통의 편지가 그의 혼돈과 열정, 불안한 시도와 몸부림, 삶에 대한 허무를 선명하게 증언해줄 것 같아, 이쯤에서 소개하고자 합니다.

12월 12일

나의 친구 빌헬름, 요즘 나는 악마의 등에 업힌 듯한 마음으로 살아야 했던 불운한 사람들의 심정으로 지내고 있다네. 때때로 그 기분이 나를 압도하는 거 같아. 공포나 욕망과는 달라. 전에는 느껴보지 못한 내면의 광란 같은 것인데, 그럴 때면 가슴이 터질 것 같고 목구멍이 막힐 듯 조여온다네! 가련하고 불운한 인생이지 않은가! 그러면 나는 냉혹한 계절의 밤공기를 헤집고 돌아다닌다네. 어제도 밖으로 뛰쳐나가야 했어. 갑자기 날이 풀려 눈이 녹기 시작하면서 강이 넘치고 냇물이 불어나서 발하임의 아래쪽 정든 골짜기에는 홍수가 났다네! 밤 11시가 넘어 밖으로 나갔더니 무서운 광경이 펼쳐지고 있더군. 달빛을 받으며 바위 위에 서서 내려다보니 거센 물살이 모든 걸 휩쓸 듯 무서운 속도로 흐르고 있었네. 들판과 초원, 관목 울타리를 뒤덮고 성난 바람이 포효하는 골짜기를 굽이치고 있었어! 그러다가 검은 구름에 가렸던 달이 다시 나오자, 요란한 굉음을 내는 물살이 바로 발아래에서 달빛을 반사하며 장엄하게 흐르고 있었다네. 짜릿한 전율과 함께 또다시 그리움이 밀려오더군! 나는 두 팔을 벌린 채 바위 위에 서서 아래로, 아래로, 깊이, 더 깊이 숨을 들이마셨네! 그러고는 모든 고통과 시련이 물살에 휩쓸려 내려가는 것 같은 희열에 넋을 잃었어! 굉음을 내며 굽이치는 물결을 타고 말일세! 아! 하지만 땅에서 발을 들어 모든 고뇌를 끝내는 일은 하지 않았네! 아직 나의 시간은 오지 않았거든. 나는 느낄 수 있네! 빌헬름! 인간으로서 나의 존재를 버리고 저 거센 바람과 하나 되어 구름을 가르고 물살을 따라잡을 수 있다면 얼마나 좋겠나! 언젠가는 이 삶에 갇힌 가련한 존재에게도 그러한 희열이 주어지겠지? 따뜻한 날 로테와 함께 산책한 후 앉아 있던 버드나무 자리를 쓸쓸히 내려다보았네. 하지만 모든 게 홍수에 잠겨 나무가 서 있던 자리를 가려내기란 힘들었다네! 문득 '사냥 별장의 풀밭은 어떻게 됐을까?' 하는 생각이 들더군.

'우리가 좋아하던 정자도 급물살에 휩쓸려 엉망이 되었겠지!'

그러자 감옥에 갇힌 죄수가 초원의 양 떼와 영화로운 지위를 꿈꾸듯, 지난날의 햇살이 기억을 비집고 들어오는 것 같았네! 나는 그대로 그 자리에 서 있었어! 언제든 죽을 수 있는 용기가 있으므로, 나 자신을 나무라지는 않겠네. 울타리에서 나무판을 주워 모으고 이웃집에서 빵을 구걸하면서 기쁨이 없는 삶이나마 한 순간이라도 이어보려는 늙은 여인처럼, 지금은 그저 이렇게 앉아 있다네.

12월 14일

친구여, 이게 뭐란 말인가? 나 자신이 무서워졌다네! 로테를 향한 나의 사랑은 그 무엇보다 신성하고, 순결하고, 형제애 같은 것 아니었나? 내 마음에 한 번이라도 벌을 받을 만한 욕망을 품은 적이 있었던가? 그런 건 굳이 밝힐 필요조차 없었다네. 그런데 그런 꿈을 꾸다니! 이런 모순된 현상을 옛사람들은 불가사의한 우주의 섭리로 믿지 않았던가! 지난밤 꿈을 꾸었어! 자네에게 말하려니 또다시 온몸이 떨리는데, 나는 두 팔로 그녀를 감싸고 내 가슴에 꼭 끌어안았다네. 그러고는 사랑을 속삭이는 그녀의 입술에 끝없이 입을 맞추었어. 나의 두 눈은 그녀의 눈빛에 취해 있었지! 하느님! 그 순간을 떠올리며 이토록 뜨거운 희열을 느끼는 게 죄가 되나요? 로테! 로테! 나는 이제 막바지에 다다른 것 같아! 감각이 혼미해지고 일주일 전부터는 사고력도 흐려진 것 같다네. 자꾸 눈물이 고이고. 어디를 가도 즐겁지 않지만, 또 어디서든 편안하다네. 아무것도 기대하지 않고, 아무것도 원하지 않으니까. 나는 이제 떠나는 게 좋을 것 같아.

이즈음 베르테르의 마음속에는 세상을 떠나려는 결심이 굳어지고 있었습니다. 로테 곁으로 돌아온 후로 그러한 생각은 베르테르에게 최후 보루이자 희망이었던 것입니다. 그렇지만 서두르지 말아야 한다고 스스로 타일렀습니다. 절대적인 확신이 들었을 때 차분하게 판단해서 실천에 옮겨야 한다고 생각했던 것입니다.

베르테르의 서류 더미에서 날짜가 적혀 있지 않은 메모 한 장이 발견되었는데, 거기 이러한 문제를 놓고 자신과 논쟁하고 의혹을 타진했던 흔적을 볼 수 있습니다. 이 메모는 빌헬름에게 보내는 편지의 첫머리일 것으로 추정됩니다.

'그녀의 모습과 운명, 나를 향한 연민이 메마른 내 영혼에 남은 마지막 눈물방울을 짜낸다네.

장막을 걷고 그 너머로 발을 내디디면 그뿐! 그걸로 모든 게 끝이지! 그런데 왜 망설이고 주춤거리는 걸까? 그 뒤에 뭐가 있는지 모르고, 되돌아올 수 없다는 사실 때문에? 우리의 마음이 잘 모르는 것에 대해서는 혼란과 어둠을 예감하는 특성을 가졌기 때문이겠지.'

마침내 베르테르는 우울한 생각에 젖어 지내는 게 일상이 되었습니다. 빌헬름에게 보내는 아래의 모호한 편지가 증명해주듯이, 세상을 떠나겠다는 결심이 확고해져 돌이킬 수 없게 되었던 것 같습니다.

12월 20일

내 말을 그렇게 이해해주다니, 나를 생각하는 자네의 마음이 느껴지네. 정말 고마워. 자네 말이 맞네. 내가 떠나는 게 나를 위해서도 나은 방법이지. 하지만 자네와 모두의 곁으로 돌아오라는 자네의 제안은 받아들일 수가 없네. 가더라도 시간을 좀 갖고 다른 곳으로 둘러서 가는 게 좋을 것 같아. 특히 아직은 날씨도 춥고

길이 얼어 통행도 불편하니 말일세. 또한 자네가 나를 위해 이리로 와주겠다는 말도 고마웠네. 2주 정도만 기다려주면 좀 더 자세한 내용을 적어 보내겠네. 때가 되기 전에 서둘러 뭔가를 결정하지 않는 게 좋을 것 같아. 그런 면에서 2주 정도의 시간은 중요할 것 같네. 어머니께 아들을 위해 기도해주십사 전해주게. 걱정을 끼쳐서 죄송하다는 말씀도 전해줘. 내가 기쁨을 안겨줘야 할 사람들을 슬프게 하는 게 나의 운명인가 보네. 잘 있게, 나의 소중한 친구여! 자네에게 하늘의 축복이 내리기를 기원하겠네! 잘 있게!

　이즈음 로테의 마음에 어떤 생각들이 오고 갔는지, 남편과 불운한 베르테르에 대한 그녀의 심정이 어떠했는지 말로 표현하기는 어려울 것입니다. 다만 그녀의 품성으로 미루어 짐작할 수 있으며, 선하고 아름다운 영혼을 가진 여성이라면 그녀의 마음에 충분히 공감할 것입니다. 한 가지 분명한 것은 그녀가 어떻게든 베르테르를 멀리하기로 마음먹었을 거라는 사실입니다. 만약 그녀가 망설였다면, 그것은 베르테르에게 충격을 주지 않으려 조심하느라 그랬을 것입니다. 왜냐하면 그러한 거부가 베르테르에게 어떤 일인지 알고 있었으며, 사실 그는 그러한 충격을 감당하지 못했을 것입니다. 하지만 그즈음 로테도 상황이 심각해지고 있음을 느꼈으며, 진지하게 노력하지 않을 수 없는 시점에 도달해 있었습니다. 무엇보다 남편이 베르테르와의 관계에 관해서 완전히 함구하기 시작했고, 그럴수록 로테는 자기도 남편과 같은 입장임을 행동을 통해 보여주어야 했던 것입니다.

　베르테르가 친구 빌헬름에게 위에 소개된 편지를 쓴 날은 성탄

절을 앞둔 일요일이었습니다. 그날 저녁에 베르테르는 로테의 집을 방문했습니다. 집에는 로테 혼자 있었는데, 어린 동생들에게 줄 성탄 선물을 포장하느라 바쁜 와중이었습니다. 베르테르는 동생들이 즐거워하겠다는 이야기와 함께, 어린 시절의 추억을 이야기했습니다. 갑자기 문이 열리고 촛불과 과자, 사과로 장식된 성탄 트리가 나타나면 천국의 환성이 터져 나오던 시절의 추억이었지요. 그러자 로테가 당혹감을 감추고 매력적인 미소를 지으며 말했습니다.

"당신도 점잖게 행동하면 선물을 받을 거예요. 양초나 뭐 그런 거요."

"그게 무슨 말인가요? '점잖게 행동하면'이라니?"

베르테르가 격앙된 음성으로 물었습니다.

"어떻게 하는 게 점잖은 거죠? 내가 어떻게 점잖을 수 있을까요? 로테!"

로테가 대답했습니다.

"목요일 저녁이 크리스마스이브예요. 동생들과 아버지도 오실 거고, 모두 선물을 받을 겁니다. 당신도 오세요. 그렇지만 그전에는 오지 마세요."

베르테르는 순간 놀라 가슴이 내려앉았습니다.

"부탁이에요. 제 마음의 평안을 위해서라도 그렇게 해주세요. 이런 식으로 계속 갈 수는 없어요."

베르테르는 로테에게서 시선을 돌리고 로테가 한 말을 입속에서 되뇌며 방 안을 서성였습니다.

"이런 식으로 계속 갈 수는 없다고요!"

로테는 자기가 한 말이 베르테르를 절망적인 상태로 몰아넣었음을 느끼고, 그의 생각을 다른 데로 돌리고자 이런저런 이야기를 꺼내보았으나, 아무 소용이 없었습니다.

　"아니, 이제 다시는 당신을 보지 않겠소!"

　베르테르가 소리쳤습니다.

　"왜 그런 말씀을 하세요? 베르테르, 당신은 우리를 만나셔야 해요. 그럴 수 있습니다. 다만 너무 자주는 말고요. 아, 당신은 왜 한번 손에 닿은 것은 포기하지 못하는 열정을 타고나신 건가요! 너무 집요하고 통제할 수 없이 격렬해요!"

　로테는 베르테르의 손을 잡으며 간청했습니다.

　"제발, '적당히' 하는 법을 배우세요! 당신의 품성, 폭넓은 지식, 재능이라면 얼마든지 다양한 기쁨을 맛보실 수 있잖아요! 남자답게 용기를 내서 넓은 세상을 바라보세요! 당신을 가엾게 여기는 것 외에 아무것도 할 수 없는 여자에게 매달리는 대신 다른 데서 삶의 의미를 찾으세요."

　베르테르는 이를 악물고 침울한 표정으로 로테를 바라보았습니다. 로테가 그의 손을 잡고 말했습니다.

　"잠시라도 차분하고 이성적으로 생각해보세요, 베르테르! 당신 자신을 기만하고 있다는 거 모르시겠어요? 의도적으로 자신을 파괴하고 있다고요! 왜 저인가요, 베르테르? 하필이면 이미 다른 사람의 여자가 된 저를요? 저를 가질 수 없다는 사실 때문에 더 저를 원하는 건 아닌가요?"

　베르테르는 그녀가 잡은 손을 뿌리치고는 경직되고 성난 눈으로 그녀를 노려보았습니다.

"영리하군! 아주 영리해요! 혹시 알베르트가 그렇게 말하던가요? 예리해! 너무 예리해!"

"누구라도 그렇게 말할 거예요."

로테가 대답했습니다.

"이 넓은 세상에 당신 마음을 채워줄 아가씨가 한 명도 없단 말인가요? 마음을 정하세요. 그리고 그런 여성을 찾아보세요. 그러면 찾으실 거라 장담해요. 너무 저에게만 마음을 한정시키시는 것 같아서 오래전부터 걱정했어요. 당신을 위해서도 그렇고, 저희를 위해서도 그렇고요. 마음먹고 여행이라도 떠나시면 기분 전환이될 거예요! 당신의 사랑을 받아줄 좋은 여성을 찾으세요. 그리고 돌아와 저희와 진정한 우정의 축복을 나누며 살자고요."

"지금 한 말을 글로 적어 인쇄해두지 그래요."

베르테르가 냉소를 머금고 말했습니다.

"가정교사들에게 나눠주고 교본으로 삼도록 해도 될 것 같은데! 로테, 나를 잠시 놔둬요. 그러면 모든 게 좋아질 거예요!"

"베르테르, 한 가지만 약속해줘요. 크리스마스이브 전에는 다시 찾아오지 마세요!"

베르테르가 대답하려는 차에 알베르트가 들어왔습니다. 두 사람은 냉랭하게 인사를 나누고 서로 어색하게 방 안을 오갔습니다. 베르테르가 이런저런 말들을 던져보았지만, 대화가 자꾸 끊어졌습니다. 알베르트도 그렇게 몇 번 대화를 시도하다가, 로테에게 집 안일은 다 끝냈느냐고 물었습니다. 로테가 아직 끝내지 못했다고 대답하자 그녀에게 몇 마디를 했는데, 차가운 그 말이 베르테르의 가슴을 아프게 했습니다. 베르테르는 바로 나오고 싶었지만, 그러지 못하고 결국 8시까지 머물렀습니다. 그러는 사이 불만과 불쾌감이 쌓였고, 저녁 식사가 차려질 때가 되어 베르테르는 모자와 지팡이를 집어 들었습니다. 알베르트가 더 머물다 가라고 붙잡았지만, 예의상 그러는 거라고 여긴 베르테르는 냉랭하게 고맙다는 인사만 남기고 자리를 떴습니다.

집으로 돌아온 베르테르는 마중 나온 어린 하인에게서 촛불을 받아 들고 방으로 들어갔습니다. 그러고는 소리 내 울었습니다. 흥분에 겨워 혼자 중얼거리며 방 안을 배회했습니다. 그러다가 옷도 벗지 않은 채 침대에 몸을 던졌습니다. 11시쯤 하인이 들어와 부츠를 벗겨줄지 물었고, 베르테르는 그렇게 하도록 허락하면서, 다음 날 아침에 부르기 전에는 방에 들어오지 말라고 일렀습니다.

월요일인 12월 21일, 베르테르는 아침 일찍 로테에게 편지를 썼습니다. 그 편지는 봉인된 채 책상 위에 놓여 있다가 사후에 발견되어 그녀에게 전해졌습니다. 아래에 문맥상 필요에 따라 여러 번에 나누어 소개하려 합니다.

'이제 다 끝났어요, 로테. 나는 죽으려고 합니다. 당신을 마지막으로 보는 날 아침에 이런 나의 마음을 감정적인 동요 없이 침착하게 전하겠어요. 당신이 이 편지를 읽을 때쯤이면 불안하고 불행했던 사람의 굳은 몸은 차가운 무덤에 묻혀 있을 것입니다. 생의 마지막 날들에 유일한 즐거움이 있었다면 그건 당신과 대화하는 시간이었을 겁니다. 그런데 지난밤은 참으로 괴로웠지요. 그렇지만 한편 고마운 마음도 들었어요. 그 덕분에 이렇게 마음을 굳히게 되었으니까. 나는 죽을 겁니다! 어젯밤 모든 상황이 한꺼번에 내 가슴을 압박하고, 당신 곁에서 아무런 희망도 기쁨도 없는 나의 존재가 소름 끼치도록 끔찍하게 느껴져 몹시 흥분한 채로 당신 곁을 떠나온 후, 나는 정신이 혼미한 상태에서 가까스로 방에 들어가 무릎을 꿇고 엎드렸습니다. 오, 하느님! 당신은 제게 마지막 위로로 비통한 눈물을 허락하셨습니다! 수많은 계획과 가능성이 머릿속을 휘젓고 지나갔습니다. 그러고 나서 마지막이자 유일하게 내려진 결론은, 죽는 게 낫겠다, 라는 것이었지요. 이건 절망에서 나오는 절규가 아닙니다. 지금까지 당신을 위해 고통을 견뎌냈듯이 그걸 끝까지 지고 가겠다는 확신입니다. 그래요, 로테! 숨길 이유가 무엇이겠어요? 세 사람 중 하나가 가야 한다면, 내가 그 하나가 되겠다는 것이지요! 오, 나의 사랑! 내 찢긴 가슴에서는 종종 당신의 남편, 또는 당신, 또는 나를 살해하는 상상이 날뛰곤 했습니다. 그러니 내가 떠나야지요! 감미로운 여름날 저녁 산에 오를 때, 나를 기억해줘요. 내가 얼마나 자주 그 계곡을 타고 올랐었는지. 그리고 무성한 들풀이 석양빛을 받으며 바람에 흔들리는 묘지로 눈을 돌려 내 무덤을 바라봐주길. 편지를 쓰기 시작할 때는 차분했는데, 쓰는 동안 모든 기억이 너무도 생생하게 떠올라 지금은 어린애처럼 울고 있답니다.'

10시 가까이 되자, 베르테르는 하인을 불러 며칠 후 여행을 떠날 것이니 옷에 먼지를 털고 여행 짐을 쌀 수 있도록 준비하라고 일렀습니다. 그리고 청구서 온 것이 있으면 모두 가져오고, 빌려준 책들을 모두 수거하라고 했으며, 매주 생활비를 지원해주는 가난한 사람들에게 두 달 치를 미리 주라고 했습니다.

그런 다음 아침 식사를 방으로 가져오게 해서 먹고, 말을 타고 법무관을 만나러 갔습니다. 하지만 그는 집에 없었습니다. 베르테르는 깊은 생각에 잠겨 정원을 거닐었습니다. 그곳에서의 우울한 추억들을 마지막으로 떠올려보려는 것 같았습니다.

잠시 후 베르테르를 본 로테의 동생들이 달려와 안겼습니다. 내일, 모레, 그리고 하룻밤만 더 자면 로테 언니의 집에 가서 성탄 선물을 받을 거라며 자랑했습니다. 그러면서 어린아이다운 상상력으로 꿈꿀 수 있는 성탄의 기적을 이야기했습니다.

"내일! 모레! 그리고 하룻밤만 더 지나면!"

베르테르가 큰 소리로 이렇게 외치고 모두에게 애정이 듬뿍 담긴 키스를 해주고 떠나려는데 막내가 그의 귀에 뭔가를 속삭이고 싶어 했습니다. 언니들이 모두에게 큼직한 신년 카드를 썼다는 것이었죠. 하나는 아버지, 하나는 알베르트와 로테, 그리고 하나는 베르테르 아저씨에게 말입니다. 새해 아침 일찍 카드를 나눠줄 거라고 했습니다. 그 말을 들은 베르테르는 마음이 울컥했습니다. 아이들에게 용돈을 조금씩 나눠주고 법무관에게 인사한 다음 말에 올랐습니다. 말을 달려 그 집을 떠나는데 눈물이 차올랐습니다.

5시 조금 못 되어 집에 도착한 베르테르는 하녀에게 난롯불이 잘 타오르는지 확인하고 밤까지 계속 피우라고 지시했습니다. 젊은 하인에게는 책과 속옷을 트렁크 아래쪽에 챙겨 넣고, 옷도 챙기라고 했습니다. 그런 다음 로테에게 보내는 마지막 편지에 아래의 구절을 적어 넣은 것으로 보입니다.

'내가 올 줄은 모르고 있겠지요! 내가 당신 말대로 크리스마스이브까지는 나타나지 않으리라 믿고 있을 테니까요. 아, 로테! 오늘이 아니면 영영 다시 보지 못할 사람. 크리스마스이브에 당신은 이 편지를 들고 사랑스러운 눈물로 적시며 떨고 있을 겁니다. 나는 결심한 대로 하겠어요. 그럴 수밖에 없으니까! 이런 결심을 하게 되어 얼마나 기쁜지 모릅니다.'

그러는 동안 로테의 마음은 무척 착잡하고 무거웠습니다. 베르테르와 언짢게 헤어지고 나서야 비로소 그를 보지 않고 지내는 게 얼마나 힘들 것이며, 억지로 그녀 곁을 떠나게 된 베르테르 또한 얼마나 괴로울 것인지 깨달았기 때문입니다.

알베르트에게는 지나가는 말처럼, 베르테르가 크리스마스이브까지는 다시 오지 않을 것임을 넌지시 알려놓은 상태였습니다. 알베르트는 사업차 이웃에 사는 관리를 만나러 갔는데, 그곳에서 하룻밤 묵을 예정이었습니다.

로테는 혼자 앉아 있었습니다. 동생들도 곁에 없었지요. 로테는 자신이 처한 상황을 돌아보며 깊은 생각에 빠져 있었습니다. 자신은 이미 지극한 사랑을 주는 성실한 한 남자와 영원히 맺어져 있습니다. 자기도 그를 깊이 사랑하고, 그의 차분하고 믿음직한 성품을 반석으로 행복한 인생을 꿈꾸고 있습니다. 그는 당연히 그럴 만한 사람이니까요. 자신은 물론 동생들에게도 늘 좋은 사람일 것임을 믿을 수 있었지요. 한편 베르테르도 그녀의 마음에 소중한 사람으로 자리 잡고 있었습니다. 처음 만난 순간부터 두 사람은 감성과 생각이 통했으며, 자주 그것을 확인하는 기쁨을 맛보았습니다. 오랜 세월 지속된 그와의 우정, 함께 경험했던 많은 일이 로테의 가슴에 깊이 새겨져 있었습니다. 무엇에 관해서든 그와 감정과 생각을 나누는 데 익숙해져 있었기 때문에 그가 떠나고 나면 가슴속에 채워질 수 없는 공허가 생길 것 같아 두려웠습니다. 베르테르가 그녀의 형제가 돼줄 수 있다면 얼마나 좋겠습니까! 그가 로테의 친구 중 하나와 결혼하게 된다면, 알베르트와 베르테르가 참된 우정을 나누던 예전 상태로 돌아갈 수 있다면 얼마나 좋을까요.

로테는 친구들을 차례로 떠올렸지만, 하나 같이 베르테르의 짝이 되기에는 부족한 점이 있었습니다. 그러면서 처음으로, 베르테르를 곁에 두고 싶어 하는 마음이 그녀 안에 싹터 있었음을 깨달았습니다. 그렇지만 그건 안 되는 일이라고 자신을 타일렀습니다. 늘 밝은 모습으로 어려움을 이겨내는 데 능숙했던 그녀의 순수하고 아름다운 영혼이 침울해지면서 앞날의 행복이 눈앞에서 가려지는 것 같았습니다. 가슴이 조여들면서 눈빛에 그늘이 드리워졌습니다.

6시 30분쯤 되었을 때 베르테르가 계단을 올라오는 소리가 들리고, 그녀를 찾는 그의 음성이 들렸습니다. 로테는 처음으로 가슴이 두근거렸습니다. 차라리 하녀가 그녀는 집에 없다고 말해주면 좋겠다고 생각하던 차에 그가 방으로 들어오자, 순간 혼란스러워진 로테가 격앙된 어조로 외쳤습니다.

"약속을 어기셨잖아요."

"난 아무것도 약속한 적 없어요."

베르테르가 대답했습니다.

"그렇다면 최소한 저의 바람은 들어주실 수 있었잖아요. 당신과 제 마음의 평화를 위해 부탁드렸던 거라고요."

그녀는 자기가 무슨 말을 하는지 분명하게 의식하지 못하는 채로 이렇게 말했습니다. 베르테르와 단둘이 있는 상황은 피해야 한다는 생각에 친구 몇 명을 부르러 하녀를 보내면서도 자기가 무슨 행동을 하고 있는지 선명하게 파악하지 못하는 상태였습니다. 베르테르는 갖고 온 두어 권의 책을 내려놓고 이런저런 안부를 물었습니다. 로테는 친구들이 어서 오기를 바라는 마음이면서, 또 한편 오지 않기를 바라는 마음이었습니다. 잠시 후 하녀가 돌아와 친구들이 올 수 없어 미안하다고 했다고 전했습니다.

로테는 하녀에게 일감을 가져와 옆 방에서 하라고 할지 잠시 생각하다가, 곧 생각을 바꾸었습니다. 베르테르가 방 안을 서성이는 동안 로테는 피아노 앞에 앉아 미뉴에트를 연주했습니다. 그렇지만 어쩐지 곡이 매끄럽게 이어지지 않았습니다. 로테는 마음을 진정시키고 차분해진 상태로 베르테르가 앉아 있는 소파에 나란히 앉았습니다.

"읽을 것이 없나요?"

로테가 물었습니다. 그는 아무것도 갖고 있지 않았습니다.

"제 서랍에 오시안의 시 중 직접 번역해주셨던 게 있을 거예요. 아직 읽지 않았는데, 늘 그걸 당신의 음성으로 듣고 싶었어요. 그런데 그동안 기회가 없었고, 제가 기회를 만들 상황도 아니었지요."

베르테르는 미소를 지으며 시를 꺼냈습니다. 시를 적은 종이를 드는 순간 온몸에 전율이 퍼지고 눈물이 차올랐습니다. 베르테르는 자리로 돌아와 읽기 시작했습니다.

해지는 저녁 하늘에 떠오른 별이여! 서쪽 하늘에서 아름답게 빛나는 그대! 구름 밖으로 빛나는 이마를 쳐들고 당당히 그대의 언덕을 거니는구나. 평야를 내려다보는 그대의 눈에는 어떤 풍경이 들어오는가? 폭풍은 잦아들고, 멀리서 급류의 웅성거림이 들린다. 출렁이는 물결이 저 멀리 바위를 타고 오른다. 저녁 벌판엔 날벌레가 떼 지어 날고 작은 날개의 윙윙거림이 들판을 맴도네. 아름다운 빛이여, 그대는 무엇을 보는가? 미소 짓고 떠나려는 그대 주변으로 기쁨에 겨운 파도가 몰려들어 그대의 아름다운 머리채를 감겨주누나. 잘 가거라, 그대 고요한 빛이여! 오시안의 혼에 깃든 빛이 깨어나도록!

빛이 힘차게 일어난다! 먼저 떠난 벗들이 보인다. 생전에 그랬듯 로라 강가로 모여든다. 영웅적인 부하들에 둘러싸인 핑갈이 물기를 머금은 안개 기둥처럼 온다. 백발이 성성한 노래하는 시인 울린도 보인다! 위풍도 당당한 리노! 아름다운 음성을 가진 알핀! 애처로운 탄식의 대가 미노나! 나의 벗들이여, 속삭이는 풀잎을 스치며 언덕을 넘는 봄바람처럼, 우리 서로를 견주던 셀마의 축제 이후 그대들은 얼마나 변했는가?

아름다운 미노나가 눈물 고인 눈을 아래로 내리깐 채 나서고. 이따금 언덕에서 불어오는 바람에 그녀의 머리칼이 물결친다. 그녀가 감미로운 음성으로 노래하자 영웅들의 영혼은 슬픔에 잠긴다. 몇 번이나 살가르의 무덤을 보고, 흰 피부를 가진 콜마의 어두운 집도 보았다. 언덕에 홀로 남겨진 채 노래하는 콜마! 살가르는 돌아오마고 약속했건만. 어느새 밤이 내리고. 언덕에 홀로 앉아 노래하는 콜마의 목소리를 들어라!

콜마

이 밤, 나는 홀로 폭풍이 몰아치는 언덕에 쓸쓸히 앉아 있네. 산에서 바람 소리 들리고. 바위를 향해 쏟아지는 급류. 비를 막아줄 오두막 하나 없이, 바람 부는 언덕에 쓸쓸히!

달아, 일어나라! 구름을 헤치고 나오너라. 밤하늘의 별들아, 일어나라! 너희의 빛으로 내 사랑이 사냥에 지쳐 쉬고 있는 곳으로 나를 인도해다오! 활은 시위가 풀린 채 가까이에 놓여 있고, 그의 개가 거친 숨을 쉬며 주위를 맴도는데, 나만 홀로 이끼 긴 강가에 바위를 의지해 앉아 있구나. 강물과 바람이 거세게 포효할 뿐 사랑하는 이의 목소리는 들리지 않네! 나의 살가르는 왜 오지 않는가? 돌아온다는 약속을 왜 지키지 않는가? 여기 바위가 있고! 나무도, 포효하는 강물도 있는데! 밤이 되면 돌아오겠다고 약속하지 않았던가. 아! 나의 살가르는 어디로 갔는가? 그대와 함께 아버지로부터, 도도한 나의 형제로부터 도망치려 했는데. 우리의 가문은 오랫동안 적이었지만, 우리는 적이 아니지 않은가, 오, 살가르!

바람이여, 잠시 멈추어다오! 강물아, 잠시만 침묵을 지켜다오! 방황하는 내 사랑이 내 목소리를 들을 수 있게! 살가르! 콜마가 당신을 부릅니다. 여기 나무와 바위가 있습니다. 살가르, 나의 사랑, 나 여기서 기다리고 있어요! 왜 이렇게 안 오시는 건가요? 오! 달빛이 고요히 쏟아지니 반짝이며 골짜기를 흐르는 물살이 보이고 절벽에 솟아 있는 회색의 바위도 보이는데, 봉우리를 넘어와야 할 그의 모습은 보이지 않네. 앞장서 달려오며 그가 오고 있음을 알려야 할 개도 보이지 않아, 여기 이렇게 홀로 앉아 있네!

저 풀밭에 누워 있는 이들은 누구인가? 내 사랑하는 사람과 오빠인가? 말해봐요, 오, 내 사랑하는 이들이여! 왜 대답이 없단 말인가. 말을 해봐요. 홀로 있으려니 두려워 떨고 있습니다! 아, 주검이었구나! 칼이 서로의 피로 검게 물들어 있어. 오라버니! 나의 오라버니! 왜 살가르를 죽였나요? 살가르, 왜 내 오라버니를 죽였나요? 두 사람 모두 나에게는 소중했는데! 나는 어떻게 두 사람을 찬송해야 하나요? 수많은 기사 중에 뛰어났던 두 사람! 전투에 임하면 거칠 것이 없었죠! 내게 말해주어요. 내 목소리를 들어요. 사랑하는 사람들이여! 모두 말이 없구나. 영원한 침묵 속에 잠들어 있어! 그들의 가슴은 진흙처럼 차갑구나! 오! 언덕의 바위에서, 바람 부는 절벽에서, 말해주어요. 죽은 이들의 혼령이여, 말해주어요. 난 두렵지 않아요! 그대들은 어디에 잠들어 있나요? 어느 언덕의 동굴로 찾아가면 떠나간 사람들을 만날 수 있나요? 희미한 목소리 하나 바람에 실려 오지 않고, 대답 한마디 폭풍우에 떠밀려 오지 않는구나!

나는 슬픔에 잠겨 앉아 있노라! 눈물을 흘리며 아침을 기다리노라! 무덤을 파세요, 죽은 자들의 벗이여. 하지만 콜마가 갈 때까지 무덤을 덮지 말아요. 삶이 꿈처럼 덧없는데! 나는 왜 홀로 남겨져야 한단 말인가요? 나도 사랑하는 이들과 함께 여기 잠들렵니다. 물살이 바위를 휘돌아 흐르는 이곳에. 언덕에 밤이 찾아오고 거센 바람이 일면, 나의 넋은 바람 속에 서서 벗들의 죽음을 애도할 겁니다. 사냥꾼이 움막에서 그 소리를 듣고 공포에 떨면서도 나의 목소리에 귀 기울이겠지요! 사랑하는 이를 애도하는 나의 목소리는 감미로울 것이므로!

수줍게 얼굴 붉히는 토르만의 딸 미노나, 그대는 이렇게 노래했네. 콜마를 위해 우리는 눈물 흘리고, 슬픔에 잠겼노라! 울만이 하프를 들고 와 알핀의 노래를 들려주었노라. 알핀의 목소리는 부드러웠고,

리노의 영혼은 불처럼 뜨거웠노라! 하지만 이제 그들은 작은 무덤에서 잠자고, 그들의 목소리는 셀마에서 더 이상 들을 수 없도다. 영웅들이 아직 생존해 있을 때, 사냥에서 돌아온 울린이 언덕에서 펼치는 그들의 노래 대결 소리를 들었노라. 가장 고귀한 영웅 모라르의 죽음을 애도하는 그들의 노래는 부드러웠으나 슬펐도다! 핑갈의 영혼을 닮고 오스카의 검도를 닮은 모라르의 죽음을 그의 아버지가 애도했노라. 그의 누이 미노나의 눈에도 눈물이 고였노라. 서편에 걸린 달이 소나기의 기류를 감지하고 구름 속에 아름다운 얼굴을 숨기듯, 미노나는 울린의 노래를 더 이상 듣지 않고 물러났노라. 나는 울린과 함께 하프를 들고 아침의 노래를 연주하노라!

리노

바람이 잦아들고 비도 그치어 한낮의 고요가 찾아왔네. 구름은 하늘에서 흩어지고, 변덕스러운 해는 초록 언덕을 미끄러지듯 넘어가네. 바위 골짜기를 따라 붉은 강물이 흐르네. 오, 강물아, 너의 속삭임이 감미롭구나! 그러나 내 귀에 더 감미로운 소리가 들리니, 그건 죽은 자들을 애도하는 가객 알핀의 목소리로다! 백발의 머리는 숙여지고 눈물 고인 눈은 붉게 충혈되었네. 가객 알핀이여, 왜 고요한 언덕에 홀로 있는가? 왜 숲속에 몰아치는 바람처럼 외로운 해안가의 파도처럼 슬퍼하는가?

알핀

오, 리노! 나의 눈물은 죽은 이들을 위한 것이며, 나의 목소리는 세상을 떠난 이들을 위한 것이네. 언덕 위에 높이 서 있는 그대, 황야의 아들 중에 뛰어나게 아름다운 그대이지만, 언젠가 모라르처럼 쓰러질 것이며, 그대의 죽음을 애도하는 이들이 무덤가에 모여 앉으리. 산언덕은 더 이상 그대를 기억하지 못하고, 활은 시위가 풀린 채 그대의 거처에 버려지리!

오, 사막의 노루처럼 민첩하고 불을 품은 유성처럼 무서웠던 모라르! 그대의 분노는 폭풍 같았고, 전쟁에 임한 그대의 칼은 번개처럼 번득였도다. 그대의 목소리는 소나기 내린 뒤의 강물 같았고, 먼 산을 울리는 천둥 같았노라. 그대의 팔 아래 쓰러진 수많은 군사. 그대 분노의 불꽃이 삼켜버린 수많은 목숨. 하지만 전쟁에서 돌아온 그대의 이마는 얼마나 평화로웠던가! 그대의 얼굴은 비 온 뒤에 빛나는 태양 같았고, 고요한 밤을 비추는 달과 같았으며, 바람이 잦아들어 고요해진 호수 같았네.

이제 그대는 좁고 어두운 안식처에 누워 있구나! 단 세 걸음이면 돌아볼 수 있는 무덤. 오, 생전에 그토록 위대했던 자의 안식처라니! 그대를 추모하는 건 이끼에 덮인 네 개의 묘석뿐. 잎을 떨군 앙상한 나무와 바람에 흔들리는 긴 들풀만이 지나는 사냥꾼에게 그곳이 위대한 모라르의 무덤임을 말해주네. 모라르! 그대의 안식은 실로 초라하구나. 애도해주는 어머니도, 애정의 눈물을 흘리는 연인도 없이. 그대의 어머니도 이미 세상을 떠나고, 모르글란의 딸도 죽었으니.

지팡이를 짚은 이 사람은 누구인가? 백발이 성성하고, 붉게 충혈된 눈에는 눈물이 고였으며, 걸음을 옮길 때마다 몸을 떠는 이는 누구인가? 오, 모라르, 그는 바로 그대의 아버지로구나! 아들이라고는 그대밖에 없었던 아버지. 전쟁터에 날리는 그대의 명성을 듣고, 뿔뿔이 흩어지는 적의 패배 소식도 듣고, 모라르라는 영웅의 이름도 들었는데,

왜 그대가 상처 입었다는 소식은 듣지 못했는가? 우시오, 그대, 모라르의 아버지여! 통곡하시오. 그러나 당신의 아들은 그 울음을 듣지 못할 것이니. 티끌로 만든 베개는 낮고, 죽음은 그렇게 깊은 잠이라오. 당신의 목소리를 그는 듣지 못하므로, 불러도 깨어나지 않을 것이오. 무덤엔 언제쯤 아침이 와서 잠든 이들이 깨어나려나? 잘 있으시오, 그대, 용맹스러운 사람이여! 전쟁터의 정복자여! 승리의 들판은 더 이상 그대를 보지 못할 것이고, 무성한 숲은 그대의 번득이는 칼날을 보지 못할 것이로다. 그대 후손을 남기지는 않았으나, 찬미의 노래 속에 그대 이름이 보존되어 후세에 전해질 것이며, 그들은 용맹했던 모라르의 죽음을 기억할 것이니!

　모두가 슬퍼하는 가운데, 아르민의 가슴에서 터져 나오는 한숨이 그 누구보다도 비통하구나. 한창 젊은 나이에 쓰러진 아들을 생각하니 그러했으리. 곁에 있던 갈말의 추앙받는 제후 카르모르가 물었네.

　"아르민, 왜 그리 한숨짓는가? 애통한 일이라도 있는가? 호수에서 피어올라 고요한 골짜기를 채우는 부드러운 안개처럼 노랫가락이 흘러나와 마음을 녹이고 영혼을 달래주는데. 녹색의 잎새마다 이슬이 맺혀 있어도, 원기 충천한 해가 뜨면 이슬은 자취를 감추는 법. 오, 바다로 둘러싸인 고르마의 제후 아르민이여, 그대는 왜 슬퍼하는가?"

　애통하도다! 애통함의 사유가 너무도 무겁고 아프도다. 카르모르여, 그대는 아들을 잃어본 적도, 어여쁜 딸을 잃어본 적도 없구려. 용감한 콜가르도 살아 있고, 아름다운 처녀로 자란 안니라도 살아 있으니. 오, 카르모르, 자네의 가문은 번성하네! 그러나 아르민의 가문은 나를 마지막으로 끝났다네. 오, 어둠의 침상에 누워 있는 다우라! 무덤 속에서 깊은 잠에 빠져 있구나! 언제쯤 노래를 부르며 일어나려느냐?

너의 아름다운 노래를 들려주려느냐?

일어나라, 가을바람이여, 일어나라. 황야를 건너 불어오너라! 산을 타고 흐르는 강물아, 포효하라! 포효하라, 폭풍이여, 나의 참나무 숲에서! 달아, 구름을 헤치고 나오너라! 창백한 너의 얼굴을 구름 사이로 내밀어라! 나의 자식들이 쓰러지던 날의 기억을 불어와다오. 용맹스러운 아린달이 쓰러지던 날! 아름다운 다우라가 쓰러지던 날! 다우라, 어여쁜 내 딸! 너는 정말 어여뻤고, 푸라의 달처럼 아름다웠다. 눈처럼 희고 미풍처럼 감미로웠다. 아린달, 너의 활은 강력했고, 전장에서 너의 창은 번개처럼 민첩했으며, 너의 시선은 파도 위의 안개 같았고, 너의 방패는 폭풍우 속의 불구름 같았노라! 전쟁터의 영웅 아르마르가 찾아와 다우라에게 구애했었지. 오래지 않아 아르마르의 구애는 받아들여지고, 모두 앞날의 희망을 예견했네.

오드갈의 아들 에라트는 그의 동생이 아르마르에 의해 목숨을 잃자, 원한을 품고 뱃사람으로 가장하고 나타났다네. 파도에 넘실대는 배, 그 위에 서 있는 흰머리에 진지하고 차분한 이마를 가진 그의 모습은 아름다웠네.

"아름다운 여인이여, 아르민의 사랑스러운 딸이여!"

그가 말했네.

"바닷가에서 멀지 않은 곳에 바위 하나가 있고, 그 옆에 나무 한 그루가 있는데, 붉은 열매가 반짝이는 그곳에 아르마르가 다우라님을 기다리고 있답니다. 저는 그의 사랑을 전하러 왔습니다!"

다우라는 그곳으로 가서 아르마르를 불렀네. 하지만 대답이 없었지.

"아르마르, 내 사랑! 내 사랑하는 이여! 왜 저를 두렵게 하나요? 아르나르트의 아들이여, 대답해요! 다우라가 당신을 부르고 있습니다."

배신자 에라트는 큰 소리로 웃으며 육지로 달아났네. 다우라는 소리 높여 오빠와 아버지를 불렀네.

"아린달! 아버지! 아무도 너를 구해주지 않는구나, 다우라."

그녀의 목소리가 바다를 건넜네. 나의 아들 아린달이 사냥감을 쫓아 언덕을 달려 내려왔지. 옆구리에 화살통을 떨렁거리며. 어느새 손에는 화살이 들려 있었고, 다섯 마리의 진회색 사냥개가 그를 따랐네. 해변에서 에라트를 발견한 아린달은 그를 잡아 떡갈나무에 묶었네. 어찌나 단단히 묶었는지, 신음 소리가 바람에 실려 퍼져나갔네. 아린달은 다우라를 데려오기 위해 배를 타고 바다로 나갔네. 분노에 찬 아르마르가 회색 깃털 달린 화살을 쏘았네. 그 화살이 내 아들, 아린달의 가슴에 꽂혔네! 배신자 에라트를 대신해 네가 죽었구나. 배가 멈추고, 아린달은 바위 위에서 가쁜 숨을 몰아쉬다가 숨을 거두었네. 다우라, 오라비의 피가 너의 발치에 흥건할 때 너의 슬픔이 어떠했겠느냐! 배는 부서지고, 아르마르는 목숨을 걸고 다우라를 구하기 위해 바다에 뛰어들었네. 그때 언덕에서 강풍이 불어 파도를 뒤흔들고, 가라앉은 아르마르는 다시 떠오르지 않았네.

파도치는 바위에 홀로 앉은 내 딸의 애도 소리가 들렸노라. 그녀의 통곡 소리를 들으면서도 그녀의 아버지는 뭘 할 수 있었던가? 나는 밤새 해안가에 서서 희미한 달빛에 희미한 그녀의 모습을 보았노라. 밤새 그녀의 울음소리를 들었노라. 바람은 거세고, 빗줄기는 산언덕을 사정없이 내리쳤노라. 아침이 오기 전에 그녀의 목소리는 잦아들더니 바위 언덕에 풀잎을 스치는 미풍처럼 스러지더라. 통곡하고 슬퍼하다 영원히 잠들었노라. 그대 아르민은 홀로 남겨졌노라. 전쟁터에 떨치던 용맹은 사라졌노라! 여자들이 선망하던 긍지도 나락으로 떨어졌노라! 폭풍이 몰아치고, 거센 북풍에 파도가 높이 일렁일 때면, 나는 해안가에 앉아 죽음의 바위를 바라보노라. 저무는 달빛에 내 자식의 혼령을 본 적이 몇 번이던가. 애도하듯 함께 떠도는 희미한 그 모습을.

로테는 하염없이 눈물을 흘렸고, 그러는 동안 답답했던 마음이 후련해지는 것 같았습니다. 베르테르는 시 낭송을 중단하고 종이를 집어 던졌어요. 그러고는 로테의 손을 잡고 쓰라린 눈물을 흘렸습니다. 로테는 반대편 손에 이마를 얹고 손수건으로 눈을 가렸습니다. 두 사람 모두 애통함을 가누기 힘든 상황이었던 것이지요. 고전 작품에 등장하는 고매한 인물들의 불행을 통해 자기들의 아픔을 절감하게 된 것입니다. 눈물이 두 사람의 마음을 이어주었습니다. 로테의 팔에 닿은 베르테르의 입술과 눈이 타는 듯 뜨거웠습니다. 로테는 온몸에 전율이 이는 것을 느끼며 떨어지려고 했습니다. 하지만 고통과 연민이 납덩이처럼 그녀를 눌러 움직일 수가 없었습니다. 로테는 심호흡한 다음 정신을 가다듬으며 베르테르에게 낭독을 계속해달라고 간절하게 부탁했습니다. 그녀의 음성은 천상의 소리처럼 감미로웠습니다! 베르테르는 온몸이 떨리고 심장이 터질 것 같았습니다. 그는 종이 뭉치를 집어 들고 더듬더듬 다시 읽어가기 시작했습니다.

바람아, 왜 나를 깨우는 거냐? 나는 천상의 이슬을 덮고 잠들어 있는데. 내가 쇠할 시간이 가까웠노라. 바람에 흩어지는 나뭇잎처럼. 훗날 나그네가 찾아올 것이니, 그는 나의 젊은 날을 알고 있으리. 그는 들판을 두리번거리며 나를 찾을 것이나, 결코 나를 보지 못하리라.

이 구절이 불행한 베르테르의 마음에 큰 파문을 일으켰습니다. 그는 절망감을 이겨내지 못하고 로테 앞에 무릎을 꿇었습니다. 그녀의 손을 잡고 자기 눈에, 이마에 힘껏 눌렀습니다. 그러자 베르테르가 끔찍한 결단을 내렸다는 예감이 그녀의 뇌리에 스쳤습니다. 혼란에 빠진 로테는 베르테르의 손을 잡아 가슴에 꼭 끌어안고 애달픔에 겨워 베르테르를 향하여 몸을 굽혔습니다. 뜨겁게 달궈진 두 사람의 뺨이 맞닿으면서 그들을 에워싸고 있는 세계가 사라졌습니다. 베르테르는 두 팔로 로테를 감싸 가슴에 안았습니다. 그러고는 떨리는 그녀의 입술에 키스를 퍼부었습니다.

　"베르테르!"

　로테가 숨이 막힐 듯 고개를 돌리며 외쳤습니다.

　"베르테르!"

　로테가 가냘픈 힘으로 그의 가슴을 밀어냈습니다.

　"베르테르!"

　그녀는 고결한 마음을 다시금 추스르고 결연히 외쳤습니다. 베르테르는 저항하지 않고 그녀를 놓아주었습니다. 그러고는 미친 듯이 바닥에 주저앉았습니다. 불안하고 혼란스러운 가운데 몸을 일으킨 로테는 사랑인지 분노인지 모를 감정에 휩싸여 몸을 떨면서 말했습니다.

　"이게 마지막이에요! 베르테르! 다시는 당신을 만나지 않겠어요."

　로테는 사랑이 가득 담긴 눈으로 가여운 베르테르를 바라보다가 서둘러 옆방으로 들어가 문을 잠갔습니다. 베르테르는 그녀를 향해 두 팔을 뻗었으나 감히 그녀를 붙잡지는 못했습니다. 그는 소파에 머리를 기대고 바닥에 주저앉은 채 30분 정도를 그대로 있었습니다. 그러다가 하녀가 저녁 식사를 차리는 소리에 정신을 차렸습니다. 방 안을 서성이던 베르테르는 하녀가 나가자, 옆방으로 가서 낮은 소리로 로테를 불렀습니다.

"로테! 로테! 한마디만 더 들어줘요! 잘 있어요!"

로테는 응답하지 않았습니다. 베르테르는 대답을 기다리다가 다시 한번 간청했습니다. 그러고는 기다리다가 마침내 자리를 뜨면서 외쳤습니다.

"잘 있어요, 로테! 영원히 안녕!"

베르테르가 성문에 도착하자, 그를 알아본 파수꾼이 말없이 보내주었습니다. 진눈깨비가 흩날리는 가운데 집에 도착했을 때는 11시가 다 되어서였습니다. 하인은 베르테르가 모자를 쓰고 있지 않은 것을 알았지만, 말없이 비에 젖은 옷을 벗을 수 있도록 도와주었습니다. 모자는 한참 시간이 지난 후 골짜기가 내려다보이는 언덕의 비탈길에 있는 바위 위에서 발견되었습니다. 비 내리는 밤에 미끄러지지 않고 그 위에 올라갈 수 있었다는 게 믿어지지 않는 일이었습니다.

곧장 잠자리에 든 베르테르는 긴 잠을 잤습니다. 다음 날 아침 하인이 그의 부름을 받아 커피를 가지고 들어갔을 때 그는 편지를 쓰고 있었습니다. 로테에게 보내는 편지에 다음의 구절을 덧붙인 것이었습니다.

'마지막으로 눈을 떴습니다. 지금은 안개에 가려져 있는 저 해를 나의 두 눈은 두 번 다시 못 보겠지요. 자연아, 애도하라! 그대의 아들이

자 친구, 연인이 종말에 다가가고 있으니. 로테, 무엇에도 비길 수 없는 심정으로 그러나 꿈을 꾸는 듯 몽롱한 기분으로 나 자신에게 말하고 있습니다. 이것이 마지막 아침이다. 마지막! 로테, 나는 이 말을 이해하지 못합니다. 마지막이라니! 로테, 나는 지금 이렇게 생생하게 서 있는데, 내일이면 사지를 쭉 늘어뜨린 채 바닥에 쓰러져 있을 테지요. 죽는다는 건 무슨 의미일까요? 보아요, 죽음을 얘기할 때 우리는 꿈을 꾸는 거랍니다. 나는 사람이 죽음에 이르는 걸 몇 번 본 적이 있어요. 하지만 인간이란 너무나 제한적이어서 자기 존재의 시작과 끝을 가늠하지 못하지요. 나의 실체는 아직 나의 것이고, 당신의 것입니다! 당신의 것이에요, 내 사랑! 잠시 헤어지는 것이지요. 영원히? 아니요. 로테, 그렇지 않습니다. 나의 존재가 어떻게 사라질 수 있겠어요? 당신이 어떻게 사라질 수 있지요? 우리는 존재합니다. 그래요! 떠나다니! 그건 무슨 뜻일까요? 그건 그저 말일 뿐이에요! 마음을 울리지 못하는 공허한 말이지요. 로테! 죽어서 차가운 땅에 묻힌다니! 그렇게 좁고, 어두운 땅속에! 순진했던 나의 어린 시절 아주 가깝게 지내던 소녀가 죽었습니다. 나는 그녀의 시신이 옮겨지는 동안 따라가 그녀의 관이 땅속으로 내려지는 것을 지켜보았어요. 사람들이 로프를 잡아당기고, 로프가 당겨져 올라왔습니다. 첫 삽이 흙을 떠서 관 위에 던지고, 섬뜩한 소리를 내며 흙이 관 위에 뿌려졌습니다. 흙이 뿌려지는 소리가 점점 둔탁해지면서 관이 완전히 덮였어요. 나는 무덤 옆에 쓰러졌습니다. 영혼 깊은 곳까지 혼란스럽고 무섭고 슬프더군요. 그렇지만 나에게 무슨 일이 일어나고 있는 건지, 앞으로 무슨 일이 일어날 것인지는 헤아릴 수 없었지요. 죽는다! 무덤! 이런 말들이 마음에 와 닿지 않아요. 오, 날 용서해주길! 날 용서해요! 어제 그 순간이 내 삶의 마지막 순간이었어야 했는데. 아, 그대 나의 천사여! 처음으로, 생애 처음으로 가슴 깊은 곳에서 아무런 의심 없이 순수한 기쁨이 솟아났습니다. 그녀가 나를 사랑한다! 그녀가 나를 사랑한다! 나의 입술은 여전히 당신의 입술에서 흘러나온 신성한 불길로 타오르고 있습니다. 새롭고 뜨거운 기쁨이 나의 가슴에 넘쳐흐르고 있습니다. 나를 용서해요! 나를 용서해줘요!

아, 나는 당신이 나를 사랑한다는 걸 알고 있었습니다. 처음 만나던 날 진심이 담긴 눈길에서 느낄 수 있었고, 내 손에 닿던 그 손의 첫 감촉에서 느낄 수 있었습니다. 그런데 내가 당신 곁에서 떠나고, 당신 곁에 알베르트가 있는 걸 보면서 다시 평정심을 잃고 의심이 자리 잡았던 것입니다.

어느 날, 곤욕스러웠던 파티에서 당신이 나와 한 마디도 나누지 못하고 손도 잡지 못하자, 내게 꽃을 보내주었던 일 기억하나요? 그날 나는 거의 밤새도록 그 꽃 앞에 무릎을 꿇고 있었습니다. 꽃들이 당신의 사랑을 증명해줬으니까요. 아, 그런데 그러한 감동도 일시적이었던 겁니다. 확실하게 눈에 보이는 신성한 증표로 하늘의 은총을 충분히 받고도, 기뻐하고 감사하는 마음이 시간이 지나면서 시들해지는 것처럼 말입니다.

그 모든 것이 덧없다고 해도, 내가 어제 당신의 입술에서 음미한 뜨거운 숨결은 영원히 식지 않을 것입니다! 그녀가 나를 사랑하고 있다! 이 팔이 그녀를 감쌌고, 이 입술이 그녀의 입술에 닿아 떨렸으며, 이 입이 그녀의 입을 더듬었다. 그녀는 내 여인이다! 당신은 내 사람입니다! 그래요, 로테, 영원히.

알베르트가 당신 남편이라는 게 무슨 의미가 있습니까? 남편이라!

그건 이 세상에서의 진실일 뿐입니다. 이 세상에서는 내가 당신을 사랑하여 그의 품에서 떼어내 내 품으로 데려오는 게 죄가 되겠지요. 죄? 좋습니다. 그렇다면 그 죗값은 스스로 받겠습니다. 그 죄를 지음으로 나는 어제 천상의 황홀감을 맛보고 생명의 영약을 들이마셨습니다. 이 순간부터 당신은 내 사람입니다! 내 사람, 오, 로테! 내가 먼저 가겠습니다! 나의 아버지에게로, 그대의 아버지에게로. 가서 그분께 나의 슬픔을 털어놓겠습니다. 그러면 당신이 올 때까지 나를 위로해주시겠지요. 그러면 나는 당신에게 날아가 끌어안고, 무한하신 그분 앞에서 다시는 포옹을 풀지 않을 것입니다. 꿈을 꾸고 있는 것도 아니고, 망상에 빠져 있는 것도 아닙니다! 무덤 가까이 오니 모든 게 더 선명하게 보이는 것이지요. 우리는 다시 만날 것입니다! 당신의 어머니도 만날 겁니다! 그녀를 찾아내서 만날 거예요. 그리고 내 마음을 털어놓을 겁니다! 당신의 어머니, 당신을 닮은 그분께.'

11시 조금 못 되어 베르테르는 하인에게 알베르트가 돌아왔는지 물었습니다.

"네, 돌아오셨습니다."

하인이 이렇게 대답하면서 알베르트의 말이 마구간에 들어가는 걸 보았다고 했습니다. 베르테르는 하인에게 다음과 같이 적힌 쪽지를 주며 전하라고 했습니다.

'여행을 가려고 하는데, 권총을 좀 빌려줄 수 있겠나? 잘 있게! 건승을 빌며!'

로테는 전날 밤을 거의 뜬 눈으로 새웠습니다. 그녀가 걱정하던 일이 전혀 예상치 못한 방식으로 결말지어졌기 때문입니다. 평상시에 그렇게 순수하고 맑게 흐르던 그녀의 피가 뜨겁게 요동치면서 갖가지 감정이 평화롭던 그녀의 마음을 흔들어놓았습니다. 그녀의 가슴에 불길이 타올랐던 건 베르테르의 뜨거운 포옹 때문이었을까요? 아니면 그의 무례함에 대한 불쾌감 때문이었을까요? 아니면 예전에 자유롭고 순결했으며 자신감 넘치던 자기 모습과 현재 상황이 비교돼서였을까요? 어떻게 남편을 대할 것이며, 어제 일어났던 일을 어떻게 고백해야 할까요? 고백하는 건 쉽지만, 그렇다고 쉽게 털어놓을 수 있는 일이 아니었지요. 서로 침묵으로 일관하며 긴 시간을 보냈는데, 그녀가 먼저 그 침묵을 깨면서, 게다가 이런 합당치 못한 일로, 남편에게 어려운 고백을 해야 할까요? 로테는 베르테르가 찾아왔었다는 사실 하나만으로도 알베르트가 불쾌해할 것 같아 두려웠습니다. 게다가 상상치도 못했던 불미스러운 일까지 있었으니! 남편이 이 모든 상황을 제대로 봐주고, 편견 없이 수용할 것이라 기대할 수 있을까요? 그녀의 진심이 무엇이었는지 이해해주길 기대할 수 있을까요? 지금까지 로테는 남편에게 수정처럼 투명하게 모든 걸 털어놓고 어떠한 감정도 숨긴 적이 없었는데, 앞으로도 언제나 그래야 할 남편 앞에서 자기기만을 할 수 있을까요? 이러한 생각들로 그녀는 혼란스러웠고 불안했습니다. 그리고 이 모든 우려의 끝에는 베르테르가 있었습니다. 이제 그녀 곁에 없는 거나 마찬가지지만, 떠나보낼 수 없는 사람. 그렇지만 놔둘 수밖에 없는 사람. 로테를 잃으면 아무것도 남는 게 없는 사람.

비록 온전하게 파악하고 있다고는 할 수 없지만, 그동안 남편과의 사이에 생긴 단절감이 얼마나 버겁고 괴로웠는지 모릅니다. 합리적이고 선량한 두 사람이 미묘한 견해의 차이로 더 이상 소통하기를 포기하면서, 자신의 권리와 상대방의 잘못에 시선을 돌리게 되었던 것입니다. 그렇게 상황이 점점 얽히고 악화되어 결정적인 순간에 매듭을 풀고 상황을 회복할 수 없었던 것이지요. 좀 더 일찍 두 사람이 친밀감을 회복하고 서로에 대한 사랑과 관용으로 마음을 열었더라면, 가여운 우리의 친구를 구할 수 있었을지도 모릅니다.

또 다른 특수한 상황도 한몫했습니다. 베르테르의 편지를 통해서도 알 수 있듯, 그는 이 세상을 떠나고 싶은 그의 마음을 숨기지 않았습니다. 이 점에 대해서는 알베르트와도 종종 언쟁을 벌였고, 때때로 로테 부부의 대화에 오르기도 했습니다. 베르테르의 그러한 행동에 거부감을 가지고 있던 알베르트는 자기로서는 도저히 용납할 수 없는 그런 정서에 반감을 표하면서, 진지한 의도를 가지고 하는 말이 아닐 거라고 비아냥거림이 섞인 확언을 하곤 했습니다. 그러다 보니 로테가 비관적인 상상에 빠질 때면 알베르트의 그러한 생각이 위안이 되었지만, 또 한편으로는 그때그때 마음속에 차오르는 불안을 남편에게 털어놓을 수 없는 이유가 되었습니다.

알베르트가 돌아왔고, 로테는 당황한 채로 허둥지둥 남편을 맞았습니다. 알베르트 역시 갔던 일이 제대로 마무리되지 않아 기분이 별로 안 좋은 상태였습니다. 이웃 마을의 법무관이 고지식하고 편협한 사람이었던 것입니다. 돌아오는 길이 편치 않았던 것도 그가 불쾌한 또 하나의 이유가 되었습니다.

알베르트는 그동안 집에 별일이 없었는지 물었고, 로테는 어젯밤 베르테르가 왔었다고 서둘러 대답했습니다. 그러자 알베르트는 편지 온 게 있느냐 물었고, 편지 한 통과 소포 몇 개가 와서 서재에 두었다는 답이 돌아왔습니다. 알베르트가 서재로 가자, 로테는 혼자 남았습니다. 자신이 사랑하고 존경하는 남편이 돌아오자, 로테는 마음이 새로워졌습니다. 그의 너그러운 품성과 사랑, 자상함을 생각하니 마음이 평온해지면서 그를 따라가고 싶은 은밀한 충동이 일었습니다. 로테는 바느질감을 들고 종종 그랬듯이 남편의 서재로 갔습니다. 알베르트는 소포들을 풀고 편지를 읽느라 바빴습니다. 그중에는 별로 반갑지 않은 소식들도 있는 것 같았습니다. 로테가 몇 가지 질문을 하자, 알베르트는 짧게 대답하고는 뭔가를 쓰기 위해 책상에 앉았습니다.

그렇게 한 시간쯤 보내면서 로테의 마음은 점점 더 침울해졌습니다. 남편이 기분 좋은 상태였어도 지금 마음을 무겁게 누르고 있는 일을 털어놓고 설명한다는 건 너무도 어려운 일일 것임을 실감했기 때문입니다. 그녀는 마음이 울적해졌으며, 눈물을 삼키며 참으려 할수록 불안감은 더욱 커졌습니다.

베르테르의 하인이 나타나자, 로테는 너무도 당혹스러워 어찌할 바를 몰랐습니다. 하인에게서 쪽지를 받아 든 알베르트는 로테를 돌아보며 "이 아이에게 권총을 내주구려" 하더니, 하인을 보고는 "여행 잘 다녀오라고 전해주게"라고 했습니다. 이 말에 로테는 벼락이라도 맞은 듯 정신이 아득해지면서 비틀거렸습니다. 로테는 떨리는 몸으로 천천히 벽으로 다가가 권총을 꺼내 먼지를 닦으며 망설였습니다. 알베르트가 의아해하는 눈빛으로 재촉하지 않았더라면 더 오래 머뭇거렸을 것입니다. 하지만 로테는 그 치명적인 무기를 하인에게 건네주었고, 하인은 곧장 돌아갔습니다. 하인이 나가자, 로테는 뭐라 말할 수 없이 혼란스러운 마음으로 바느질감을 챙겨 자신의 방으로 갔습니다. 마음속에 온갖 불길하고 끔찍한 생각들이 꼬리를 물고 이어졌습니다. 순간적으로 남편의 발아래 엎드려 전날 밤에 있었던 일과 죄책감, 불길한 예감을 모두 털어놓고 싶은 충동도 일었습니다. 하지만 그렇게 해서 좋은 결과가 있을 것 같지 않았습니다. 지금 상황에서 남편의 마음을 움직여 베르테르에게 가보게 하는 건 불가능할 것 같았던 겁니다. 저녁 식사가 차려졌을 때, 로테의 친구가 왔습니다. 그녀는 뭔가 물어볼 게 있어서 잠시 들렀던 것인데, 온 김에 함께 식사하게 된 것입니다. 그 덕분에 식사 중 대화가 부드럽게 이어질 수 있었습니다. 두 사람 모두 마음속에 쌓인 감정을 내려놓고 대화에 참여하고 이야기를 이어가야 했으니까요.

한편, 하인에게서 권총을 받아 든 베르테르는 로테가 권총을 건네주었다는 말을 듣고 몹시 기뻐했습니다. 베르테르는 하인에게 빵과 포도주를 가져오도록 한 다음 식사하라 이르고, 자신은 편지를 쓰기 위해 책상 앞에 앉았습니다.

'이 총이 당신의 손을 거쳐 왔다는군요. 당신이 먼지를 닦아주었다고요. 나는 당신의 손이 닿았던 이 총에 수없이 키스했습니다. 천상의 영혼을 가진 로테, 그대가 내 결단을 지지해주고, 도구를 건네주었습니다. 당신의 손을 통해 죽음을 맞는 것이 나의 소망이었는데, 아! 이제 그것을 이루었습니다. 하인에게 자세히 물어보았습니다. 이걸 건네주면서 당신 손이 떨렸다고 했습니다. 당신은 잘 가라는 인사도 하지 않았어요. 슬프고, 또 슬픕니다! 잘 가라는 인사도 받지 못하다니요! 나를 영원히 당신 곁에 묶어놓은 그 순간 때문에 내게 마음을 닫아버린 건가요? 로테, 천년이 흘러도 그때의 감동은 사라지지 않을 겁니다! 당신을 위해 이렇게 불타오르는 사람을 당신도 미워하지는 않겠지요.'

식사를 마치고 베르테르는 하인에게 짐을 마저 싸라고 이른 뒤, 상당 분량의 서류들을 찢어 파기하고는, 몇 군데 소소한 빚을 청산하기 위해 외출했습니다. 얼마 후 돌아온 베르테르는 비가 내리는데도 다시 나가서 백작의 정원으로 갔습니다. 그리고 교외까지 혼자 거닐다가 밤이 되어서야 돌아와 편지를 썼습니다.

'빌헬름, 마지막으로 들판과 숲, 하늘을 보았네. 자네도 잘 있게! 사랑하는 어머니, 절 용서해주세요! 빌헬름, 내 어머니를 위로해주게! 어머니와 자네에게 하느님의 가호가 있기를! 나는 모든 준비가 끝났어. 잘 있게! 더 즐거운 날 다시 만나세.'

'알베르트, 자네의 우정에 이런 식으로 보답하는 나를 용서해주게. 내가 자네 가정의 평화를 흔들고, 자네 부부 사이에 불신의 씨를 뿌렸어. 잘 있게! 이제 모든 걸 끝내고 싶어. 아, 나의 죽음으로 자네 부부가 화평해질 수 있다면! 알베르트! 알베르트! 천사 같은 그 여인을 행복하게 해주게! 자네에게 하느님의 축복이 함께하기를!'

저녁에는 서류 정리를 하면서 대부분 찢어서 난로에 던져 태워버렸습니다. 그리고 일부는 봉인해서 빌헬름의 주소로 보내는 소포에 넣었습니다. 그중에는 짧은 산문과 그의 생각을 그때그때 적은 메모가 들어 있었는데, 그 다수는 내가 본 것들입니다. 10시가 되자, 난로에 장작을 몇 개 더 얹었고, 하인이 와인을 가져왔습니다. 베르테르는 하인에게 이제 방으로 돌아가 쉬라고 일렀습니다. 그의 방도 다른 하인의 방과 같이 본채 뒤쪽에 멀리 떨어져 있었습니다. 어린 하인은 다음 날 아침 일어나서 바로 나갈 수 있도록 옷을 입고 잠자리에 들었습니다. 주인이 다음 날 아침 6시에 우편물을 배달하는 마차가 집에 들를 것이라고 했기 때문입니다.

11시를 지나서

사방이 고요하고 마음도 차분하게 가라앉았습니다. 하느님, 마지막 순간에 이렇듯 온기와 힘을 주셔서 감사합니다.

사랑하는 이여, 창가에 서니 바람에 밀려가는 구름 사이로 영원한 천상의 별들이 보입니다! 너희는 떨어지지 않으리! 영원하신 분이 너희와 나를 품에 안고 가실 것이니. 별자리 중 제일 좋아하는 북두칠성의 손잡이 부분이 보이는군요. 저녁에 당신 집에서 나와 정문을 나설 때면 저 별이 늘 나를 내려다보고 있었지요. 얼마나 자주 황홀감에 젖어 저 별을 올려다보았던지요! 그리고 두 손을 들어 저 별을 환희의 증표로 삼았던지요! 오, 로테, 무엇인들

내게 당신을 떠오르게 하지 않겠습니까! 당신이 나를 온통 에워싸고 있는데요! 나는 마치 만족할 줄 모르는 어린아이처럼, 당신의 손길이 닿은 것이면 무엇이든 손을 뻗어 잡으려 했지요!

사랑스러운 그대의 실루엣! 이 그림을 당신에게 돌려줄 테니 소중히 간직해줘요. 나는 이 그림에 수천 번도 넘게 열정적으로 키스했으며, 외출할 때나 돌아왔을 때 잊지 않고 손을 흔들어 인사를 건넸답니다.

당신의 아버지께 내 시신을 수습해주십사 부탁드리는 쪽지를 써놓았습니다. 교회 마당 뒤쪽 들판 가까운 곳에 두 그루의 보리수나무가 서 있습니다. 그곳에 묻히고 싶습니다. 당신 아버지께서 벗을 위해 그 정도는 해주실 것으로 생각합니다. 로테, 당신도 아버님께 부탁해줘요. 하지만 독실한 기독교 신자라면 이 불행한 사람 곁에 묻히고 싶지 않을 수 있음을 이해합니다. 그렇다면 나를 길가나 외로운 골짜기에 묻어줘도 좋습니다. 그러면 목사나 유대의 레위가 묘비 옆을 지나다가 성호를 그어주거나, 사마리아 사람이 눈물 한 방울 흘려주겠지요.

보아요, 로테! 나는 죽음의 묘약을 마실 차가운 성배를 들면서도 떨지 않습니다! 그대가 이걸 나에게 전해주었으므로 나는 망설이지 않아요. 이것으로 내 삶의 모든 소망과 희망이 이루어질 테니까요! 이렇게 차갑고 엄숙하게 죽음의 철문을 두드립니다.

당신을 위해 목숨을 바치는 행복을 누리고 싶었습니다! 로테, 당신을 위해 희생하고 싶었습니다! 당신의 삶에 평안과 환희를 되찾아줄 수 있다면 나는 씩씩하게, 기꺼이 죽을 겁니다. 아! 사랑하는 사람을 위해 피를 흘리고 죽음으로써 그들에게 백배의 새로운 삶을 싹틔우는 일은 오직 소수의 숭고한 영혼에만 허락된 일입니다.

로테, 당신의 손길이 닿아 신성해진 이 옷을 입은 채로 묻히고 싶습니다. 당신 아버지께도 그렇게 부탁했습니다. 내 영혼이 관 위를 떠돌 것입니다. 그러니 아무도 내 주머니를 뒤지지 않도록 해줘요. 이 분홍색 리본은 내가 처음으로 동생들에게 둘러싸인 당신을 보던 날 당신이 가슴에 달고 있었던 것입니다. 동생들에게 나 대신 키스해주고, 이 불행한 벗의 소식을 전해주기 바랍니다. 사랑스러운 아이들! 늘 나를 둘러싸곤 했지요. 아, 어쩌면 이토록 당신에게 빠져들 수 있는지! 처음 보는 순간부터 당신에게서 나를 떼어낼 수 없었습니다! 이 리본을 나와 함께 묻어줘요. 당신이 내게 이 리본을 주던 날은 나의 생일이었답니다! 그 모든 것이 내게는 얼마나 소중했는지 모릅니다! 나의 여정이 여기에 이르게 될 줄은 몰랐지요! 마음을 진정시키세요! 부디 마음의 평화를 되찾길 바랍니다! 총알은 장전되었습니다. 자명종 시계가 12시를 알리네요! 이제 때가 되었어요! 로테! 로테, 잘 있어요! 안녕!

이웃에 살던 이가 화약의 섬광을 보고 총소리를 들었습니다. 하지만 곧 다시 잠잠해졌기 때문에 그는 더 이상 궁금해하지 않았다고 합니다.

아침 6시에 하인이 등불을 들고 들어갔다가 주인이 바닥에 쓰러져 있는 걸 발견했습니다. 옆에 권총이 떨어져 있었고, 피가 흥건했던 것이지요. 하인은 비명을 지르며 주인을 흔들어보았으나 목구멍에서 그르렁거리는 소리만 들릴 뿐 아무런 반응이 없었습니다. 하인은 의사를 부르고, 알베르트에게 달려갔습니다. 벨 소리를 들은 로테는 이미 팔다리를 부들부들 떨고 있었습니다. 로테가 남편을 깨워 함께 자리에서 나왔습니다. 베르테르의 하인이 울면서 더듬더듬 소식을 전하자, 로테는 의식을 잃고 알베르트의 발치에 쓰러졌습니다.

의사가 왔을 때, 바닥에 쓰러져 있는 가여운 베르테르는 이미 손쓸 수 없는 상태였습니다. 맥박은 뛰고 있었지만, 팔다리가 이미 마비된 상태였지요. 이마의 오른쪽 눈 바로 위를 쏘아서 뇌가 밖으로 터져 나와 있었습니다. 별 효과가 없을 줄 알면서도 의사는 베르테르의 팔에 정맥을 찾아 째서 피가 흘러나오게 했습니다. 그러자 힘겹게나마 호흡이 돌아오는 것 같았습니다. 안락의자의 등판에 피가 묻어 있는 걸로 보아 책상을 마주하고 앉은 채로 총을 쏘았던 걸로 추정되었습니다. 그런 다음 고꾸라져서 경련을 일으키며 의자 주변을 뒹군 것 같았습니다. 발견 당시에는 천장을 향해 누운 채 창문 쪽으로 향하고 있었으며, 푸른 연미복에 노란색 조끼까지 입고 부츠를 신고 있었습니다.

집안과 이웃, 마을이 온통 뒤집혔습니다. 알베르트가 도착했습니다. 베르테르는 침대로 옮겨져 이마에 붕대를 감고 있었는데, 얼굴엔 이미 죽음의 빛이 역력했습니다. 전혀 움직임이 없었고, 심장 박동만이 때로는 격렬하게 때로는 미약하게 그르렁거렸습니다. 임종이 임박한 것이었지요. 와인을 한 잔 마신 것 같았고, 책상 위에는 레싱의 〈에밀리아 갈로티〉(독일의 극작가 고트홀트 에프라임 레싱Gotthold Ephraim Lessing의 비극 작품 – 역자주)가 펼쳐져 있었습니다.

알베르트가 얼마나 놀랐으며 로테가 얼마나 비통해했는지는 굳이 언급하지 않겠습니다.

늙은 법무관도 소식을 듣고 달려왔습니다. 그러고는 뜨거운 눈물을 흘리며 죽어가는 베르테르에게 입을 맞추었습니다. 로테의 남동생들은 걸어오느라 조금 늦게 도착해서는 베르테르의 침대에 엎드려 슬피 울면서 손과 입술에 입을 맞추었으며, 베르테르가 특히 좋아했던 제일 큰 동생은 베르테르가 숨을 거두고 나서도 떨어지려고 하지 않아 사람들이 억지로 떼어내야 했습니다. 베르테르는 정오에 숨을 거두었습니다. 법무관이 그곳에 있으면서 도와준 덕분에 순조롭게 사후 처리가 진행되었습니다. 그날 밤 11시 조금 못 되어 베르테르는 그가 원했던 자리에 묻혔습니다. 늙은 법무관과 아들들이 시신의 뒤를 따랐습니다. 알베르트는 로테가 위태로운 상태였으므로 참석하지 못했습니다. 인부들이 시신을 운구했고, 성직자는 한 명도 동행하지 않았습니다.

작가 연보

1749년 8월 28일 프랑크푸르트암마인에서, 왕실 고문관인 아버지 요한 카스파르 괴테와 프랑크푸르트암마인 시장의 딸인 어머니 카타리네 엘리자베트 텍스토르 사이에서 태어나다.

1765년 라이프치히대학교 입학, 법학을 공부하다.

1767년 시집《아네테》, 첫 희곡〈연인의 변덕〉을 발표하다.

1768년 각혈을 동반한 폐결핵에 걸려 학업을 중단하고 고향으로 돌아와 치료하다.

1771년 졸업시험에 합격한 뒤 프랑크푸르트암마인에서 변호사로 개업하다.

1772년 베츨라 고등법원에서 견습생활을 하던 중 이미 다른 남자와 약혼한 샤로테 부프를 만나고 사랑에 빠지다. 이 경험을 바탕으로 훗날《젊은 베르테르의 슬픔》을 집필하다.

1773년 괴테의 인생 역작《파우스트》집필을 시작하다.

1774년 희대의 인기작《젊은 베르테르의 슬픔》을 발표하다.

1776년 바이마르 국정에 참여하고, 추밀원 고문관이 되다.

1780년 《파우스트》의 원고를 아우구스트 대공 앞에서 낭독하다. 광물학 연구에 몰두하다.

1782년 황제 요제프 2세로부터 귀족 작위를 받고, 재정국장이 되다.

1785년 식물학 연구를 시작하다. 《빌헬름 마이스터의 연극적 사명》을 완성하다.

1788년 모든 정무를 내려놓고 《로마 애가》를 발표하다.

1792년 아우구스트 대공과 함께 프랑스 전선에 나가다.

1796년 《크세니엔》, 《빌헬름 마이스터의 수업 시대》를 완성하다.

1801년 안면단독으로 중태에 빠지고, 피르몬트에서 요양하다.

1806년 《파우스트》 제1부를 완성하다.

1810년 《색채론》을 완성하다.

1811년 《시와 진실》 제1부를 완성하다.

1812년 《시와 진실》 제2부를 완성하다.

1813년 《시와 진실》 제3부를 완성하다.

1816년 《이탈리아 여행》 제1, 2부를 완성하다.

1817년 《자연과학일반》, 《형태학 연구》를 발표하다.

1819년 《서동 시집》을 완성하고, 괴테 작품집 20권을 출판하다.

1823년 심장병을 앓다. 에커만이 방문하고 비서가 되다. 훗날 《만년의 괴테와의 대화》를 집필하다.

1825년 《파우스트》 제2부 집필을 다시 시작하다.

1826년 《파우스트》의 '헬레나' 장면을 완성하다.

1829년 《빌헬름 마이스터의 편력 시대》, 《이탈리아 여행》 제3부를 완성하다.

1830년 《시와 진실》 제4부를 완성하다.

1831년 《파우스트》 제2부를 완성하다.

1832년 3월 16일 병상에 눕고, 3월 22일 생을 마감하다.

젊은 베르테르의 슬픔

초판 1쇄 인쇄 2024년 6월 21일
초판 3쇄 발행 2025년 5월 19일

지은이 요한 볼프강 폰 괴테
옮긴이 민지현
펴낸이 이효원
편집인 송승민
마케팅 추미경
디자인 문인순(표지), 이수정(본문)
펴낸곳 올리버
출판등록 제395-2022-000125호
주소 경기도 고양시 덕양구 삼송로 222, 101동 305호(삼송동, 현대헤리엇)
전화 02-381-7311   **팩스** 02-381-7312
전자우편 tcbook@naver.com

ISBN 979-11-94381-37-2 04080
      979-11-89550-89-9 (세트)

* 값은 뒤표지에 있습니다.
* 잘못된 책은 구입하신 서점에서 바꾸어 드립니다.

* 도서출판 올리버는 탐나는책의 교양서 브랜드입니다.

올리버 세계교양전집 목록